Unnützes Österreich Wissen

|Holzbaum

Stadtbekannt Medien GmbH Unnützes ÖsterreichWissen
www.stadtbekannt.at

Fotos Stadtbekannt Medien GmbH
Druck Wograndl, Mattersburg
Verlag © 2017 Holzbaum Verlag, Wien
www.holzbaumverlag.at

1. Auflage 2017
ISBN 978-3-902980-58-8
ALLE RECHTE VORBEHALTEN

INHALT

- 8 ÖSTERREICH
- 22 WIEN
- 34 NIEDERÖSTERREICH
- 48 BURGENLAND
- 60 OBERÖSTERREICH
- 70 STEIERMARK
- 84 KÄRNTEN
- 94 SALZBURG
- 106 TIROL
- 118 VORARLBERG

Für unsere großen Töchter und Söhne

VORWORT

Österreich, du Kleinod aus blühenden Städten, glitzernden Bergen und grünen Tälern! Hier, wo Prunk und Glanz der Monarchie in Ehren verblassen, wo die Ebenen mit Seen, Weingärten und Heurigen, die Hügel mit Burgen und Schlössern und die Berge mit Wanderwegen und Skiliften locken, wo Touristen sich an Mozart, Hüttengaudi und Apfelstrudel erfreuen, da ist Heimat.

Kein anderes Land ist so vielseitig und kreativ, was neuzeitliche Spinnereien und archaische Bräuche betrifft. Kein anderes Land hat so viele großartig verrückte Rekorde zu bieten, sei es nun im Zipfelbobfahren oder im Schuhplatteln. Kein anderes Land hat wie du gleich zwei Ötzis: einen, der tiefgefroren am Gletscher lag und einen lebendigen, der singt. Und nicht einmal Frankreich, das Land mit der blutigsten Hymne überhaupt, hat eine ähnlich blutrünstig grausliche Fahnen-Historie wie Österreich.

Für all diese Kuriositäten lieben wir dich, vielgerühmtes Österreich - und haben dir mit diesem unnützen Buch ein Denkmal gesetzt!

ÖSTERREICH

Kaum ein Tier hat so viele Evolutionsschritte durchlaufen wie der Österreichische Bundesadler: Während der k.u.k. Monarchie hatte er noch zwei Köpfe, die für Österreich und Ungarn standen, von denen ihm mit deren Ende 1918 einer abhanden kam. Seit 1919 trägt der Adler außerdem eine neue Krone und hält statt Schwert und Reichsapfel Hammer und Sichel in der Hand. Die neue Krone aus Mauerteilen sollte das Bürgertum symbolisieren, der Hammer die Arbeiterschaft und die Sichel den Bauernstand. Nach 1945 bekam der Adler seine zerrissenen Eisenketten - sie stehen für die Befreiung Österreichs von der NS-Diktatur.

POSITIVE BILANZ

Jeden Tag **sterben** in Österreich etwa **209** Menschen - **geboren** werden allerdings rund **216**, was bedeutet, dass die Bevölkerung langsam aber stetig wächst.

THERE AIN'T NO MOUNTAIN HIGH ENOUGH...

Die höchsten Berge Österreichs sind der Großglockner (3.798 Meter), die Wildspitze (3.768 Meter) und die Weißkugel (3.739 Meter). Alle davon wurden im Laufe des 19. Jahrhunderts erstmals bestiegen.

STILLE WASSER SIND TIEF

Österreichs tiefster See ist der Traunsee - mit 191 Metern Tiefe verweist er den Attersee (171 Meter) und den Millstätter See (140 Meter) auf die Ränge zwei und drei.

EIN KRÜGERL IN EHREN ...

... genehmigt sich der durchschnittliche Österreicher rund 210 Mal im Jahr. Das ergibt umgerechnet einen Bierkonsum von rund 105 Litern Gerstensaft jährlich!

Pogusch

Land der Berge, Land am Strome, Land der Äcker, Land der Dome: Österreich hat landschaftlich wie kulturell so einiges zu bieten. Kein Wunder, dass es bei all den üppigen Fakten auch viel Unnützes zu entdecken gibt. Welches Wappentier hatte früher einmal Feuer unterm Arsch? Was verrät die Dirndlschleife über die Trägerin? Wie viel wiegt Österreich und welche zutiefst ordinären Orts- und Bergnamen hat das „Volk begnadet für das Schöne" sich ausgedacht? Lest und findet es heraus!

URSPRUNG DER FAHNE

Glaubt man der Sage, so entstand die Österreichische Fahne im Jahr 1191 auf einem Schlachtfeld vor der von Kreuzzüglern belagerten Stadt Akkon: Der Babenbergerherzog Leopold V. soll sein weißes Gewand im Kampf derart mit Blut bekleckert haben, dass es beim Abnehmen des Schwertgurtes Rot-Weiß-Rot gefärbt war. Da Leopold sein ursprüngliches Banner im Tumult verloren hatte, fragte er den Kaiser um Erlaubnis, von nun an Rot-Weiß-Rot als Banner zu tragen - und bekam sie.

BERTHA VON SUTTNER

Die überzeugte Pazifistin Bertha von Suttner (1843-1914) wurde 1905 für ihren Roman „Die Waffen nieder" als erste Frau überhaupt mit dem Friedensnobelpreis geehrt. Auch heute noch bietet sich täglich die Gelegenheit, der klugen Frau zu gedenken - ihr Konterfei ziert nämlich die Zwei-Euro-Münze.

SPITZENREITER
Am häufigsten mit der Auszeichnung „Sportler des Jahres" geehrt wurden die Skilegenden Annemarie Moser-Pröll (siebenmal) und Hermann Maier (viermal).

„MEINER WIRD GRÖSSER!"
… wettete im Jahr 1951 das sowjetische Staatsoberhaupt Nikita Chruschtschow mit dem österreichischen Präsidenten Leopold Figl. Worum es ging? Um Kukuruz, im Ausland auch als Mais bekannt. Chruschtschow behauptete, sowjetischer Mais brächte zehmal mehr Ertrag ein - und verlor prompt die Wette. Die Maiskolben erwiesen sich als gleich groß.

SCHWEIN GEHABT?
Der ausgemachte Wetteinsatz der „Kukuruzwette", ein Zuchtschwein, wurde nie überreicht.

SAUMÄSSIG VIEL FLEISCH
… kommt hierzulande auf den Teller. Den Großteil davon macht Schweinefleisch aus: Gut 40 Kilogramm verdrückt jeder Österreicher im Jahr. Das entspricht dem Gewicht eines großen Spanferkels!

FETTES ÖSTERREICH
Geht es nach dem Gewicht der Landmasse pro Quadratkilometer, so ist Österreich mit 112 Milliarden Tonnen europäischer Spitzenreiter.

BIERIGES ÖSTERREICH
Österreich hat, Stand 2014, insgesamt stolze 198 Braustätten, wobei Niederösterreich mit 44 Brauereien die Nase vorne hat. Auf den zweiten und dritten Rängen stehen die Steiermark mit 39 und Oberösterreich mit 38 Brauereien.

ÖSTERREICH BESIEGT DEUTSCHLAND!
Allerdings nicht im Fußball, sondern im Ranking um den europaweit höchsten Pro-Kopf-Alkoholkonsum. Laut einer Statistik aus dem Jahr 2015 tschechern die Litauer am meisten (14,3 Liter reiner Alkohol pro Kopf), knapp gefolgt von Österreich (12,2 Liter), Estland, Tschechien und Russland. Erzrivale Deutschland belegt mit 11 Litern nur den 9. Platz.

TRINKWASSERVERBRAUCH
Rund 135 Liter Trinkwasser verbraucht ein durchschnittlicher Österreicher pro Tag. Hierbei wird der Großteil (34%) für Duschen und Baden verwendet; auch Klospülung (22%) und Waschmaschine (17%) schlucken eine Menge Wasser. Nur 3% des verbrauchten Trinkwassers werden tatsächlich zum Trinken oder Kochen verwendet.

STINKINGE ORTSNAMEN
Unzufrieden mit dem momentanen Heimatort? Oder doch froh, nicht in Schaßbach (KTN), Unter- oder Obenstinkenbrunn (NÖ), Saudorf (NÖ), Schweinbach (OÖ), Afterbach (NÖ) oder gar neben dem Kothaufenberg (NÖ) zu wohnen?

FÄKALE BERGNAMEN

… sind in Österreich keine Seltenheit. Das beweisen der Kothaufenberg (1.000 Meter, Ybbstaler Alpen, NÖ), der Bscheißer (1.998 Meter, Allgäuer Alpen, TIR), die Hundsarschalpe (Allgäuer Alpen, TIR, höchster Punkt: Hundsarschjoch, 1.600 Meter), oder der Misthaufen (2.436 Meter, Lechquellengebirge, VBG).

Notiz am Rande
Der Bscheißer trug schon immer einen ungustiösen Namen. Im Jahr 1561 wurde er als „Scheißer in Spiz" erwähnt, 1803 nennt ihn eine Urkunde „Scheißer Kopf". Allerdings hat der Name nur indirekt etwas mit Exkrementen zu tun - von dem Berg „schossen" einfach immer wieder Steine und Lawinen ins Tal hinunter.

OBERGAILE ADRESSEN

Den Ort Fucking (OÖ) kennt inzwischen jeder. Aber auch diese österreichischen Ortschaften machen sich garantiert gut in der Adresszeile: Sexling (OÖ), Rammelhof (NÖ), Maria Gail, Obergail und Niedergail (KTN), Sankt Blasen (STMK), Votzenthal (TIR), Poppen (OÖ), Poppendorf (BGLD), Busendorf (NÖ) und Mösendorf (OÖ).

BIENEN IN NOT

In Österreich leben rund 376.000 Bienenvölker, von denen jedes etwa 15 Kilogramm Honig im Jahr produziert. Das klingt zwar recht viel, doch die Bienen haben es dank giftiger Pestizide und immer kleineren Lebensräumen nicht gerade leicht. Etwa 60% des in Österreich vernaschten Honigs ist importiert.

Melk

STÜRMISCHE BRÄUCHE

Nur Traubenmost, der in Österreich produziert wurde, darf sich „Sturm" nennen. Ob weiß oder rot, angestoßen wird mit „Mahlzeit" oder „Krixikraxi" - niemals mit „Prost"!

DIRNDL-CODE

Kaum ein Kleidungsstück wird im Ausland eher mit Österreich verknüpft als das gute alte Dirndl. Kenner und Kennerinnen wissen aber auch Bescheid, was es mit der Schnürung der Schürze auf sich hat: Befindet sich die Schleife links, ist die Trägerin ledig. Wurde rechts geschnürt, ist die Trägerin verheiratet. Jungfrauen tragen ihre Schleife vorne, Witwen hinten.

LEDERHOSEN-KUNDE FÜR ANFÄNGER

Kniebund-Lederhosen sind ein wichtiger Bestandteil der festlichen österreichischen Tracht. Um zu erkennen, wo genau eine Lederhose herkommt, muss man sich die „Arschnaht" anschauen: Ist sie tellerförmig, also rundlich, stammt die Hose wahrscheinlich aus Oberösterreich, Salzburg oder Tirol. Ist die Naht allerdings gerade, handelt es sich eher um ein Steirer oder Kärntner Fabrikat.

ZUGEDRÖHNT

Österreich hält den weltweiten Rekord, was den Pro-Kopf-Konsum von legal erhältlichen Morphinen angeht. Die stark wirksamen Substanzen kommen vor allem als Drogenersatz- oder Schmerzmittel in den Umlauf.

KIFFEN IN ÖSTERREICH
Hanfliebhaber aufgepasst, das sind eure Städte: Hanfthal (NÖ), Rauchenwarth (NÖ) und Ofen (KNT).

MEISTE THERMEN
Von allen Bundesländern Österreichs hat die Steiermark mit elf Stück die meisten Thermalbäder, gefolgt von Niederösterreich (sieben), Burgenland und Salzburg (je fünf). Vergleichsweise wenige Thermen gibt es in Oberösterreich (vier), Kärnten und Tirol (je drei). Schlusslichter sind Wien (eine) und Vorarlberg (keine).

STRENGE GESETZE
… herrschen in Österreich, was die Kennzeichnung von einheimischen Qualitätsweinen betrifft: Seit dem Skandal in den 1980ern, als Weine zwecks Süßung mit toxischem Diethylenglycol versetzt wurden, muss jede Flasche am Korken eine rot-weiß-rote nummerierte staatliche Banderole aufweisen.

2,5 X UM DIE WELT
… oder 100.000 Kilometer weit würden alle österreichischen Fließgewässer aneinandergereiht um den Globus reichen!

WORT UND UNWORT
… des Jahres werden jährlich von der in Graz befindlichen Forschungsstelle für österreichisches Deutsch gekürt. 2016 gewann aus gegebenem Anlass das Wort „Bundespräsidentenstichwahlwiederholungsverschiebung"; zum Unwort gewählt wurde „Öxit".

Mondsee

WIEN

Der Wappenschild der Bundeshauptstadt stammt aus dem Mittelalter: Es wird vermutet, dass sein heutiges Aussehen von einer „Reichssturmflagge" des Heiligen Römischen Reichs aus dem 14. Jahrhundert herrührt, die ein silbernes Kreuz auf rotem Grund („Kreuzbindenschild") zeigt. Die Farben entsprechen dem rot-weiß-roten „Bindenschild" der Babenberger. Zum kompletten Wappen Wiens gehört übrigens ein schwarzer, nach links blickender Adler, der den Wappenschild auf der Brust trägt.

LEBENSWERTESTE STADT DER WELT!

1.870.000 EINWOHNER

STEFFL-ZAHLENSYMBOLIK

Im Stephansdom können sich Zahlenmystiker austoben

DOMKIRCHE ST. STEPHAN ZU WIEN

Allgegenwärtig in den Maßen sind die heiligen Zahlen drei (Dreifaltigkeit), vier (Himmelsrichtungen, Jahreszeiten) und sieben (Schöpfungstage etc.). 343 oder 7 x 7 x 7 Treppenstufen führen hinauf zur Aussichtsterrasse. Zwölf oder 3 x 4 Ziertürmchen sind um den Südturm zu erkennen, was an Jesus und seine zwölf Apostel erinnern soll.

Wiener Lied, Wiener Schmäh, Wiener Blut ... aber wie kam Wien überhaupt zu seinem Namen? Bekannt ist, dass die Fläche der heutigen Bundeshauptstadt aufgrund ihrer günstigen Lage schon lange besiedelt war, bevor die Römer kamen und im großen Stil zu bauen begannen: Sie errichteten ab dem 1. Jahrhundert n. Chr. eine zivile Stadt sowie ein Legionslager und eine Militärsiedlung namens Vindobona. Im Jahr 881 n. Chr. tauchte erstmals in einer Urkunde die Bezeichnung apud Weniam auf, schließlich setzte sich Wien durch. Heute ist die Stadt auf beinahe zwei Millionen Einwohner angewachsen und nicht nur kulturell ein echtes Juwel, sondern laut Studien sogar die lebenswerteste Stadt der Welt. Ganz nebenbei hat Wien auch mehr als eine schräge Geschichte zu bieten ...

SAUWINKEL

Die Gasse, welche Postgasse und Dominikanerbastei verbindet, hieß nach einem dort ansässigen Schweineschlachthaus „Im Sauwinkel". 1862 wurde sie dann in Auwinkel umbenannt. Die Gegend war aufgrund der Schweinehaltung sehr morastig, ein Augebiet hat es dort aber nie gegeben.

FÜR WARMDUSCHER

... äußerst nützlich ist der riesige Hochdruck-Wärmespeicher für Wasser, der in Simmering steht. Er besteht aus zwei 45 Meter hohen Tanks, die gemeinsam etwa 20.000 Haushalte mit bis zu 150 Grad heißem Warmwasser für Heizung und Hausgebrauch versorgen.

KURIOSE STAATSMEISTERSCHAFTEN
Im Wiener Prater finden auf der kultigen Toboggan-Rutsche jährlich die Staatsmeisterschaften im Sackrutschen statt. Gerutscht wird gegen den Fahrpreis von 2,- Euro, der oder die Sieger/in erhält 1000,- Euro!

SPIELSPASS AM FRIEDHOF
Im Mittelalter war es nicht unüblich, sich zum Würfelspielen am Friedhof zu treffen. So auch am Stephansfriedhof, wo das Laster allerdings gleich doppelt (1276 und 1296) verboten wurde.

OLDIES ARE GOLDIES
Die Wiener Zeitung ist die älteste Tageszeitung der Welt, die immer noch erscheint. Gegründet wurde sie 1703 unter dem Titel Wiennerisches Diarium.

„MAN BRINGE DEN SPRITZWEIN!"
Dieses kultige Zitat von Bürgermeister Michael Häupl (SPÖ) ist stadtbekannt; Anlass waren 2010 die geglückten Koalitionsverhandlungen mit den Grünen. Häupls Sager schaffte es übrigens auch mehrfach auf Youtube - verschiedene Remix-Versionen unterlegen die Spritzwein-Bestellung mit fetten Beats.

MITTELALTERLICHE FEUERWEHR
Nach dem verheerenden Brand 1276, bei dem Wien fast komplett abbrannte, überlegte man sich geeignete Maßnahmen zur Prävention solcher Katastrophen. Darunter: Förderungen für Ziegel- statt Holzdächer, Einstellung von „Feuerknechten" zur Brandbekämpfung und hohe Prämien für alle, die im Brandfall möglichst schnell viel Wasser per Fuhrwerk herbeischaffen konnten.

WIENER WUNDERWUZZI
Der Wiener Kinderbuchautor Thomas Brezina (Tom Turbo, Knickerbocker-Bande, Tiger Team) zählt zu den weltweit erfolgreichsten seiner Zunft. In China verkaufen sich die zum Mitraten anregenden Tiger Team-Detektivgeschichten sogar besser als Harry Potter.

STATISCHE MEISTERLEISTUNG
Das weltweit erste Reiterstandbild, bei dem das Pferd auf nur zwei Beinen steht, befindet sich auf dem Wiener Heldenplatz und zeigt Erzherzog Carl, wie er siegreich aus der Schlacht bei Aspern (1809) reitet. Rund 20 Tonnen wiegt die 1860 enthüllte Statue; der Guss dauerte sieben Jahre.

HELDENPLATZ II
Der Schöpfer des Prinz-Eugen und des Erzherzog-Carl-Reiterstandbildes am Heldenplatz, Anton Dominik von Fernkorn (1813-1878), ist auch bekannt für eine andere Skulptur - den Löwen von Aspern. Auch dieses Denkmal erinnert

an die Schlacht bei Aspern gegen Napoleon und steht auf einem Heldenplatz - allerdings auf der deutlich bescheideneren Asperner Ausgabe!

VERGÄNGLICHE KUNST

Das Wiener Künstlerkollektiv Gelitin strickte über ein Jahr lang an der 61 Meter langen, mit Stroh gefüllten rosa Stoff-Skulptur „Hase". Der Hase wurde 2005 in den italienischen Alpen nahe Artesina platziert und ist dort frei zugänglich. Inzwischen ist der Hase jedoch ausgeblichen und dabei, sich aufzulösen.

RECHTSVERKEHR PER DEKRET

Bis 1938 wurde in Wien auf der linken Straßenseite gefahren. Sogar das Straßenbahnnetz war auf Linksverkehr ausgelegt. Bei der Machtübernahme durch die Nationalsozialisten wurde auf Rechtsverkehr umgestellt.

OPUS DEI IN WIEN

Die Wiener Peterskirche, versteckt in einer Seitengasse direkt am Graben, wird seit 1970 von Priestern des Opus Dei verwaltet. Mitglieder dieser ultrakonservativen, elitär ausgerichteten Bewegung tragen täglich (ausgenommen sind nur Sonn- und Feiertage) für zwei Stunden einen Bußgürtel, der zwickt und beißt. Einmal in der Woche gibt es zusätzlich die Selbstauspeitschung mit der „fünfschwänzigen Katze". Na servas.

Heldenplatz

STRASSEN FÜR DIE BUNDESLÄNDER

In Wien gibt es eine Burgenlandgasse, eine Kärntner Straße, eine Tiroler Gasse, eine Vorarlberger Allee und originellerweise auch eine Wiener Gasse.

LINZER STRASSE(N)

Die Linzer Straße im Westen von Wien ist den meisten Hauptstadtbewohnern ein Begriff. Weniger bekannt, aber nicht minder interessant ist, dass es in Linz auch eine Wiener Straße, eine Kärntnerstraße, eine Burgenlandstraße und eine Salzburger Straße gibt!

UNERREICHT IN ÖSTERREICH-UNGARN

Der Südturm des Wiener Stephansdoms ist beeindruckende 136,4 Meter hoch. Zur Zeit der Österreichisch-Ungarischen Monarchie durfte kein Kirchturm höher in den Himmel ragen als dieser.

BALLON-KOLLISION

Im Jahr 1968 wurde der Donauturm zum Schauplatz eines tragischen wie ungewöhnlichen Unfalls: Ein mit drei Personen besetzter Heißluftballon kollidierte mit dem erst vier Jahre jungen Turm. Alle Insassen kamen beim Absturz ums Leben.

SPITZENLEISTUNG

Mit seinen 252 Metern Höhe ist der Donauturm im 22. Bezirk das höchste bestehende Bauwerk Österreichs. Höher waren nur der in den 1950ern demontierte Sendemast im oberösterreichischen Kronstorf (287 Meter) und der Sender Bisamberg (265 Meter), der 2010 gesprengt wurde.

EIN TAG AUF DER DEPONIE
Der 45 Meter hohe Müllberg der Deponie Rautenweg ist sowohl die höchste Erhebung des 22. Bezirks als auch ein lohnenswertes Ausflugsziel: Zu bestaunen gibt es „natürliche Rasenmäher" in Gestalt von Pinzgauer Ziegen sowie eine üppige Fauna und Flora. Sogar der extrem seltene Zwerg-Schneckenklee wächst auf dem Untergrund aus Asche und Schlacke.

JÖ, SO A SCHÖNES SPEITRÜHERL!
Ab dem 19.Jahrhundert galt es in der feinen Gesellschaft als unelegant, sich in ein Taschentuch zu schnäuzen oder gar auf Tisch oder Boden zu spucken. Spucknäpfe, in Wien auch als „Speitrüherl" bekannt, kamen in Mode: Mit Sand gefüllt standen sie in so gut wie jedem Raum herum und dienten der gepflegten Absonderung von Kautabak, Spucke und Ähnlichem.

AUSGESTELLT
Im Möbel Museum Wien (Andreasgasse 7, 1070 Wien) kann man etwa 100 historische Spucknäpfe bewundern. Benutzen darf man sie allerdings nicht.

AMEISEN-TUNNEL DELUXE
Mit rund 70 Metern ist die künstliche Ameisenstraße im Haus

des Meeres wahrscheinlich die längste der Welt. Sie verläuft in einer Plexiglasröhre, die zugleich als Geländer für die Besucher dient, von einem Stockwerk ins andere und erlaubt es den fleißigen Blattschneiderameisen, Blattteile an den Ort ihrer Bestimmung zu transportieren.

GANZ SCHÖN VIELE
Die Ameisenkolonie im Haus des Meeres besteht aus ca. 1.000.000 Ameisen. Damit hat sie mehr als halb so viele Einwohner wie Wien und fast fünfmal so viele wie Linz.

„KOTKÖNIG"
… wurde im Mittelalter eine Person genannt, die für die Entleerung und Reinigung der städtischen Senkgruben zuständig war. Ein nicht gerade g'schmackiger, aber dafür umso wichtiger Job.

JEMAND ZU HAUSE?
Um herauszufinden, ob der österreichische Bundespräsident sich gerade im Land befindet oder nicht, muss man nur einen Blick auf die Fahnenmasten vor der Präsidentschaftskanzlei in der Hofburg werfen: Sind sowohl die österreichische als auch die europäische Flagge gehisst, so ist der Präsident in Österreich. Wenn nicht, dann weilt er im Ausland.

ÄLTESTE SKIPISTE
Die rund 400 Meter lange Hohe Wand Wiese im 14. Wiener

Gemeindebezirk ist Österreichs älteste FIS-taugliche Skipiste mit Beschneiungsanlage. Mangels Schnee und ausreichender Kälte ist die Piste allerdings seit der Saison 2016/17 nicht mehr in Betrieb.

PIONIERWERK

Das älteste gemalte Porträt des Abendlandes befindet sich im Wiener Dommuseum und zeigt den jungen Habsburger Herzog Rudolf IV den Stifter (1339-1365) mit prunkvollem Erzherzogshut. Dem umtriebigen Regenten verdankt Österreich übrigens das gut gefälschte Privilegium Maius sowie die Gründung der Universität Wien im Jahr 1365.

PRIVILEGIUM MAIUS

Das Privilegium Maius („großer Freiheitsbrief") wurde von Herzog Rudolf IV in Auftrag gegeben und besteht aus 5 gefälschten Urkunden, die die Herrschaft der Habsburger absichern sollten. Darin geregelt waren neben Sonderrechten für den Herzog unter anderem die Unteilbarkeit Österreichs, die Erbfolge und die eigene Gerichtsbarkeit.

NIEDERÖSTERREICH

Fünf goldene Adler zieren den blauen Schild des niederösterreichischen Wappens. In manchen Fassungen krönen drei goldene Mauerzinnen das Wappen. Weil man die Adler früher einmal für Lerchen hielt, ist das Wappen auch als „Lerchenschild" bekannt. Witziges Detail: Drei Adler schauen vom Betrachter aus nach links, zwei nach rechts.

DER NAME DER ROSE

Das niederösterreichische Stift Melk spielt eine wichtige Rolle in Umberto Ecos Mittelalter-Roman Der Name der Rose: Sowohl der Anfang als auch das Ende der Handlung spielen in Melk, darüber hinaus heißt eine Hauptfigur Adsor von Melk.

> Pfaffenschlag bei Waidhofen an der Thaya

LLANFAIRPWLLGWYN-GYLLGOGERYCHWYRN-DROBWLLLLANTYSI-LIOGOGOGOCH

Der längste Ortsname Österreichs ist Pfaffenschlag bei Waidhofen an der Thaya. Im Vergleich zu der walisischen Gemeinde Llanfairpwllgwyngyllgogerychwyrndrobwllllantysiliogogogoch ist das, gelinde gesagt, ein Lercherlschas.

BUSSERLTUNNEL ♥ ♥

Der älteste Eisenbahntunnel Österreichs wurde 1841 eröffnet und befindet sich auf der Südbahnstrecke etwa auf der Höhe Traiskirchen. Er trägt den inoffiziellen Namen „Busserltunnel" - weil sich beim Durchfahren der 165 Meter Tunnel gerade einmal ein heimliches Busserl unter verliebten Fahrgästen ausgeht.

GIGANTISCHES SEKTGLAS

Das größte Sektglas der Welt misst 1,98 Meter und kann in der Schlumberger Sektwelt im niederösterreichischen Poysdorf bestaunt werden.

Aus der kleinen Knospe des Erzherzogtums Österreich unter der Enns entspross einst das große Österreich. Weniger poetisch formuliert: Die Habsburger schnappten sich 1278 nach der blutigen Schlacht auf dem Marchfeld die Ländereien des heutigen Niederösterreich und bauten von hier ausgehend ihre Herrschaft auf. Heute ist das „österreichische Kernland" das flächenmäßig mächtigste der neun Bundesländer und steht Spitzenreiter Wien bezüglich Einwohnerzahl nur um wenig nach. Landeshauptleute genießen hier traditionsgemäß den Status eines Erzherzogs, man isst Mohnzelten und trinkt Grünen Veltliner. Kaum verwunderlich also, dass alle vier Teile Niederösterreichs, vom Industrie- über das Wald- und Wein- bis hin zum Mostviertel, reichlich unnützes Material liefern!

GUTER AUSBLICK
Das niederösterreichische Benediktinerkloster Stift Melk beherbergt unglaubliche 497 Räume, aus denen man durch 1.365 Fenster hinausschauen kann.

GUTER AUSBLICK II
Die Dr.-Erwin-Pröll-Warte, benannt nach dem ehemaligen Landeshauptmann und Vierteljahrhundert-Regenten von Niederösterreich (ÖVP), thront auf 1.340 Metern Höhe über dem Skigebiet Zauberberg am Semmering. Nach Pröll benannt sind übrigens auch ein Kindergarten in Haag, eine Siedlung in Natschbach-Loipersbach und ein Zukunftspreis.

LESEMUFFEL
Erwin Pröll gab 1995 an, in seinem ganzen Leben nur ein einziges Buch zu Ende gelesen zu haben, nämlich „Der Schatz im Silbersee" von Karl May.

PLATZANGST?
Oft kopiert, nie erreicht: Der Weltrekord, den 25 Kremser im Jahr 2000 aufstellten, indem sie sich alle in einen einzigen VW Beetle hineinquetschten, wurde noch immer nicht gebrochen.

BURG KREUZENSTEIN
Mit dem Bau von Burg Kreuzenstein ließ Graf Johann Nepomuk Wilczek im 19. Jahrhundert das Mittelalter neu aufleben. Heute ist das Prachtbauwerk ein beliebtes Ausflugsziel - und eine begehrte Filmkulisse. Hier gedreht wurden unter anderem: Die drei Musketiere (1993), Der letzte Tempelritter (2011) sowie der Fernseh-Mehrteiler Die Säulen der Erde (2010) und nicht zu vergessen: zwei Tom-Turbo-Folgen. Weniger bekannt ist, dass die Burg auch für Horror-Sexpoitation-Filme wie Im Schloß der blutigen Begierde (1967) herhalten musste.

HANS GRAF WILCZEK
Johann Nepomuk Wilczek (1827-1922), auch bekannt als Hans Graf Wilczek, Bauherr von Burg Kreuzenstein, war nicht nur Mittelalter-Fan, sondern auch ein begeisterter Polarforscher. Er initiierte und finanzierte die Österreichisch-

St. Pölten

Ungarische Nordpolexpedition von 1872-1874 von Carl Weyprecht und Julius Payer.

SALIERA-WANDERN IM WALDVIERTEL
Nach ihrem spektakulären Diebstahl aus dem Wiener Kunsthistorischen Museum 2003 wurde die „Saliera", ein goldenes Renaissance-Salzfass, drei Jahre lang im Waldviertel versteckt, ehe der Dieb sich stellte. Genau genommen war das kostbare Objekt mitsamt einer Kiste auf dem Schatzbühel (sic!) nahe der Ortschaft Brand vergraben.
Wer möchte, kann heute auf dem „Saliera-Wanderweg" den Fundort besichtigen - inklusive Info-Tafel und Wegweiser!

TEURE ERDE
Zwei gewiefte Kremser versteigerten nach dem Saliera-Fund 3 Kilogramm Erde vom Fundort auf ebay. Nach einer Woche Laufzeit bekamen sie immerhin 123,- Euro dafür.

SEX-QUELLE
Wer den Schneeberg über den Stadelwandgraben besteigt, kommt vielleicht an der Sex-Quelle vorbei. Den ungewöhnlichen Namen hat die Quelle angeblich von einem Scherz, den sich ein Autor und ein Reporter erlaubten, indem sie dem Quellwasser spezielle belebend-aphrodisierende Kräfte zuschrieben.

BEFREMDLICHER APFELBRAUCH
In alten Zeiten pflegten junge Frauen in Nieder- und Ober-

Österreich sich vom 21. Dezember bis Weihnachten einen Apfel unter die Achsel zu klemmen. Während dieser Tage verzichteten sie gezielt auf die Körperhygiene. Am Weihnachtstag gab das Mädchen ihrem Angebeteten ein Stück des verschwitzten Apfels zu essen. Nahm er das Angebot an, war dies ein Liebesbeweis. Bei einer anderen Variante dieses Brauches trug das Mädchen nur für die Dauer eines Tanzes ein Apfelstückchen unter der Achsel.
Na Mahlzeit!

„FÜHRERGLOCKE"

Beim Verkauf des Schlosses Wolfpassing im Jahr 2013 tauchte im Turm eine Glocke mit Hakenkreuz und Widmung für Adolf Hitler auf. Eigentlich war das schaurige Artefakt dem Austrofaschisten Engelbert Dollfuß gewidmet, doch 1939 schmolz man sie ein und goss sie für den nächsten Diktator neu.

GEMEINES GESCHÄFTSMODELL

Die Kuenringer als Herren der Burg Aggstein griffen nicht immer zu legalen Methoden, wenn es ums Geldverdienen ging. So spannte der Raubritter Hadmar III. von Kuenring etwa eine eiserne Kette über die Donau, um vorbeifahrende Schiffe anzuhalten und auszurauben. Diese Praxis kam dem Herzog zu Ohren. Man ersann eine List: Ein besonders üppig beladenes Schiff mit im Inneren verborgenen Soldaten sollte die Burg passieren und den siegessicheren Hadmar an Bord locken. Tatsächlich ging der Plan auf und Hadmar in die Falle. Der Raubritter wurde nach Wien überführt, seine Burg eingenommen. Er musste all sein Diebesgut zurückgeben und Besserung geloben, durfte dafür allerdings in Freiheit weiterleben.

KYSELAK UND AGGSTEIN
Joseph Kyselak (1798-1831), Wanderfreak und Graffiti-Pionier, ritzte seinen Namen an die unmöglichsten Stellen. So auch in die Mauer der Burgruine Aggstein im Bereich des sagenumwobenen „Rosengärtleins"!

ROSENGÄRTLEIN
Der grausame Burgherr Aggsteins, Jörg Scheck von Wald aka „Jörg Schreckenwald" sperrte Gefangene gerne in das sogenannte „Rosengärtlein", einen kleinen Felsvorsprung über einem Abgrund. Dort konnten sie wählen, entweder zu verhungern, oder sich in den Freitod zu stürzen. Der Sage nach überlebten allerdings zwei Männer den Sprung in die Tiefe, weil sie in einer dichten Baumkrone landeten.

PINDIGILAND
Im niederösterreichischen Ruprechtshofen befindet sich ein Museum der ganz besonderen Art: Rund 450 Musikboxen und Flipper-Automaten sind hier ausgestellt und können bei einer Führung sogar bespielt werden! Der Name des Museums - Pindigiland - bezieht sich auf den Spitznamen von Sammler und Kurator Günter Freinberger.

GAR NICHT SO GEHEIM

Wer schon immer wissen wollte, wie es bei dem wohl mysteriösesten Geheimbund überhaupt hinter verschlossenen Logentüren zugeht, kann im Schloss Rosenau dem Rätsel auf den Grund gehen. Hier ist nämlich nebst einem Hotel auch ein Freimaurermuseum untergebracht.

WACHAUER GOLDHAUBE

Die Wachauer Goldhaube ist eine traditionelle Kopfbedeckung für Frauen, die in langwieriger Stickarbeit hergestellt und nur an Festtagen getragen wird. Ein Exemplar ist oft über 1000,- Euro wert und wiegt ein halbes Kilogramm.

MOHNSTRUDELWANDERN

… kann man auf dem Waldviertler „Mohnstrudelweg", der Wanderer und Spaziergänger rund 20 Kilometer weit über abwechslungsreiche Wege durch das hügelige Land führt. Ausgangs- und Endpunkt der Wanderung ist das Mohndorf Armschlag, wo Waldviertler Mohnzelten und feine Strudel warten.

KLEINKARIERT

Der typische Wachauer Winzer-Janker wird aus dem robusten karierten Kalmuck-Stoff hergestellt. Erfunden haben den Stoff allerdings nicht die Wachauer, sondern die Kalmücken, ein mongolisches Reitervolk. Sie verwendeten den Stoff für ihre Pferdedecken.

Burgruine Aggstein

BOCKIGE AUSSICHTEN
Seit 2003 drei Alpensteinböcke aus einem Gehege im Naturpark Hohe Wand entwischten, vermehren sich die Tiere sehr rasant. Immer wieder kam es daher zu Abschüssen - eine nicht unumstrittene Maßnahme, da Steinböcke vor garnicht allzu langer Zeit beinahe ausgerottet waren.

ALTERSRINGE
An den gerippten Hörnern des Steinbocks lässt sich das ungefähre Alter ablesen: Pro Jahr bilden sich etwa 2 „Altersringe"; bei alten Böcken lässt das Hornwachstum nach.

PROMINENTER GEFANGENER
Vor langer Zeit, im tiefsten Mittelalter, wurde in der Burg Dürnstein der englische König Richard Löwenherz vom Babenbergerherzog Leopold V. gefangen gehalten.
Warum? Der Legende nach hatte Richard nach der Eroberung von Akkon während des 3. Kreuzzuges die Fahne Leopolds von einem Turm geschmissen und ihn somit beleidigt. Leopold reagierte auf den Affront, indem er Richard am Heimweg vom Kreuzzug einfach kidnappen ließ. Mit dem unverschämt hohen Lösegeld finanzierte er unter anderem neue Befestigungsmauern für Wien und gründete Wiener Neustadt.

BÖSE BEUGE
Bei Persenbeug-Gottsdorf, einer Marktgemeinde nahe Ybbs, durchfließt die Donau eine beträchtliche Schleife. Früher gab

es hier immer wieder Unfälle - weswegen man die Stelle rasch „Böse Beuge" nannte. Nach einigen Regulierungsarbeiten, die schon im 18. Jahrhundert begannen, ist die „Böse Beuge" heute allerdings halb so wild.

APRILSCHERZ?

Der Komponist Joseph Haydn wurde laut Kirchenbuch seines Geburtsortes Rohrau am 1. April 1732 geboren. Da er allerdings nicht als „Aprilnarr" gelten wollte, gab er in seiner selbst geschriebenen Biographie den 31. März als Geburtsdatum an.

BURGENLAND

Das burgenländische Wappen entstand 1922 und ist angelehnt an die Familienwappen der Grafen von Güns und der Grafen von Mattersdorf-Forchtenstein. Es zeigt einen roten Adler auf schwarzem Felsen und mit Kreuzchen über den Schwingen auf goldenem Schild. Der Bezug auf die zwei adeligen Familien soll die Verbundenheit zwischen dem nördlichen und südlichen Landesteil symbolisieren.

KISMARTON

… lautet der alte ungarische Name von Eisenstadt. Auf Deutsch heißt das soviel wie „Klein-Martin". Als Namensgeber diente der aus Pannonien (heute: Ungarn) stammende Heilige Martin, der auch Landespatron des Burgenlandes ist.

SALZIG

Das Wasser des Neusiedler Sees ist etwa doppelt so salzig wie normales Süßwasser und hat somit den Salzgehalt von Mineralwasser.

WELTREKORD

Die Seefestspiele in Mörbisch halten den Rekord für das größte Operetten-Festival der Welt. Über 100.000 Besucher kommen jährlich, um sich am opulenten Bühnenbild und fröhlichen Gesang zu erfreuen. Da stören nicht einmal die Gelsen!

KLEINSTER VERWALTUNGSBEZIRK

Die Stadt Rust, gelegen am Neusiedlersee und berühmt durch ihre Störche und ihren guten Wein, ist mit nur rund 1900 Einwohnern der kleinste Verwaltungsbezirk Österreichs.

Pannonische Sonne, laue Sommerabende am Meer der Wiener - oder doch lieber ein Thermentag, eine Operette in Mörbisch oder Shoppen bis zum Umfallen? So gerne, wie die Österreicher ins Burgenland fahren, scheint es eigentlich hundsgemein, die Bewohner des östlichsten Bundeslandes ständig mit Burgenländerwitzen zu verspotten. Andererseits: Wer neu ist, muss sich eben viel anhören. Und das Burgenland ist immerhin erst seit 1921 ein Teil Österreichs, davor gehörte der schmale Landstreifen zum Königreich Ungarn. Welche denk- und merkwürdigen Besonderheiten das Burgenland sonst noch ausmachen, gilt es in diesem Kapitel zu erfahren ...

ÖSTERREICH IST BURGENLAND

Unglaubliche 1.311 Burgen, Schlösser und Befestigungsanlagen gibt es in Österreich. Spitzenreiter unter den Bundesländern ist mit 319 Burgen Oberösterreich, dicht gefolgt von Niederösterreich (312) und Kärnten (227). Im Burgenland gibt es „nur" 60 Schlösser und Burgen - jedoch immer noch mehr als in Tirol (46) oder Vorarlberg (20).

BURGENLÄNDISCHE RIESENLACKE

Der Neusiedlersee ist nach dem Bodensee der zweitgrößte See, der teilweise oder ganz auf Österreichischem Staatsgebiet liegt. Allerdings ist er an seinen tiefsten Stellen kaum tiefer als zwei Meter - was ihn zugleich zum seichtesten See Österreichs macht.

„HIANZENLAND"
Beinahe hätte man das Burgenland ganz offiziell „Hianzenland" genannt. Warum? Weil die Bewohner dieser Region einen mittelbairischen Dialekt sprechen, in dem das Wort „jetzt" als „hianz" ausgesprochen wird. Typisch für das „Hianzln": Die Zwielaute ui und ei kommen häufig vor und verleihen dem Dialekt einen einzigartigen Klang.

PARADEISER-KAISER
Erich Stekovics baut im sonnigen Burgenland verschiedene Paradeis- und Chilisorten an. Allerdings nicht nur eine Handvoll: Knapp 3.500 Paradeissorten finden sich auf seinem Hof, dazu mehrere hundert Chilisorten.

ROLLING PARADEISER
Wer auf der Homepage der Stekovics'schen Landwirtschaft herumscrollt, sieht am unteren Bildrand eine knallrote Paradeiser auf- und ab rollen.

ABSTEIGE FÜR SHOPPER
Die Designer-Outlets bei Parndorf sind Shopping-Begeisterten in und um Österreich ein Begriff: Über vier Millionen Besucher gehen jährlich hier einkaufen. Da es sich für viele osteuropäische Besucher mit weiter Anreise gar nicht ausgeht, das ganze Outlet an einem Tag nach Schnäppchen zu durchforsten, gibt es seit 2009 ein Hotel am Outlet-Gelände.

Podersdorf

GEHEIME WUNDERKAMMER

Paul I. Fürst Esterházy, Herr der sehenswerten Burg Forchtenstein, richtete sich gegen Ende des 17. Jahrhunderts eine „Schatz- und Wunderkammer" ein, die man nur über einen verborgenen Gang erreichen konnte, der wiederum durch eine Tür mit zwei Schlüsseln gesichert war. In der geheimen Kammer lagerte der sammelwütige Fürst allerlei Uhren, ausgestopfte seltene Tiere und Automaten.

RÖMISCHER WOHNKOMFORT

Die Römer, die einst die pannonische Stadt Carnuntum besiedelten, waren echte Könner in Bezug auf Wohnkomfort: Sie beherrschten den Bau von Fußbodenheizungen, Thermenanlagen und Küchen mit geschlossenem Herd.

STATUTARSTADT RUST

Von den 15 Städten des Landes, die ein eigenes Stadtrecht haben, ist Rust bei weitem die kleinste - alle anderen sogenannten Statutarstädte haben zumindest fünfstellige Einwohnerzahlen.

UHUDLER

Der Uhudler ist ein hellroter burgenländischer Cuvée-Wein, der aus verschiedenen Rebsorten gewonnen wird. Da die verwendeten Trauben amerikanische Hybridreben sind, war sein Verkauf allerdings immer wieder verboten. Heute darf der Wein in ausgewählten südburgenländischen Gemeinden als regionale Spezialität vertrieben werden.

GEMEINE NAMEN

… erhielt der Uhudler von jenen, denen er ob seiner Säure weniger gut mundete. Geläufig sind etwa Heckenklescher, Beuschelreißer („Zerstörer der Eingeweide") oder Rabiatperle („aggressive Traube"). Auch der steirische Schilcher wird oft mit diesen unflätigen Worten bedacht.

STINKIGE FLUTEN?

Nicht gerade einladend klingt ein Bad im oberen oder unteren Stinkersee nahe dem Illmitzer Ortsteil „Hölle". Was für ein Glück, dass es von den Stinkerseen nicht weit bis zum Neusiedler See ist!

FAMILIENPARADIES

Der größte Freizeitpark Österreichs befindet sich im Burgenland und heißt Familypark. Den Besucher erwarten über 80 Attraktionen auf rund 145.000 Quadratmetern - vom Märchenwald bis hin zu originellen Klettergerüsten und Achterbahnen ist alles dabei.

LATERNE, LATERNE!

Im Osten Österreichs gedenkt man dem Heiligen Martin, der laut Legende einst großzügig seinen Mantel mit einem Bettler teilte, mit mehreren Bräuchen. Die beliebtesten davon sind das Martinigansl-Essen am 11. November und bunte Laternenumzüge, bei denen Kinder mit selbstgebastelten Laternen Lieder singend um die Häuser ziehen.

Eisenstadt

BEGEHRTE LOCKEN

Der aus dem burgenländischen Raiding stammende Klaviervirtuose und Komponist Franz Liszt (1811-1886) hatte viele weibliche Fans, die alle eine Locke seines Haares als Souvenir begehrten. Liszt - wohl in Sorge um seine volle Haarpracht - löste das Problem, indem er sich einen Hund zulegte, der von nun an als Lockenspender herhalten musste.

VERWORFENER PLAN

Anfang der 1970er Jahre wurde ernsthaft darüber nachgedacht, die Orte Illmitz und Mörbisch mit einer 3.241 Meter langen Autobahnbrücke über den Neusiedlersee zu verbinden und in der Seemitte eine künstliche Insel zu errichten. Verworfen wurden die Pläne erst, als der öffentliche Widerstand zu groß wurde: Gut 20.000 Unterschriften gegen das Projekt wurden gesammelt!

KRUMME ERDE

Will man von Neusiedl am See bis nach Mörbisch hinüberschauen, so sollte man sich in erhöhter Position befinden: Die Erdkrümmung beträgt auf diese Distanz nämlich bereits 9,60 Meter. In Bodennähe sieht man daher nur einen wasserbedeckten Horizont, wenn man auf die andere Seite schaut.

Unnützes WienWissen
3

Nach abgeschlossener Ausbildung werden die Lipizzaner mit „Professor" angesprochen.

Alle guten Dinge sind drei! Nach dem Erfolg der ersten beiden Bände Unnützes WienWissen gibt es mit dem dritten Band nun endlich wieder Neues aus der Welt der Wiener Anekdoten und Skurrilitäten!

Stadtbekannt.at
Unnützes WienWissen 3
128 Seiten • ISBN 978-3-902980-50-2 • € 9,99

OBERÖSTERREICH

Auf dem zweigeteilten Wappen Oberösterreichs sind heraldisch rechts (aus Betrachterperspektive links) ein goldener Adler auf schwarzem Grund und heraldisch links vier Streifen in silber und rot abgebildet. Oben drauf sitzt in manchen Fassungen der Erzherzogshut. Im Grunde gleicht das heutige Wappen dem Wappen aus dem 15. Jahrhundert, als Oberösterreich noch das Erzherzogtum „Österreich ob der Enns" war.

RAKETENSINFONIE

Etwas ganz Spezielles ließ man sich für die Eröffnung des Linzer Kulturhauptstadt-Jahres zu Silvester 2008/2009 einfallen: 300 Sänger und 16 Solisten sangen in genauester Abstimmung mit einem gigantischen Feuerwerk die rund 20-minütige Raketensinfonie - 13.000 Menschen waren live dabei, 270.000 via Fernsehbildschirm.

INNVIERTLER AMERIKA

Der Ortsteil Amerika gehört zu der 800-Seelen-Gemeinde Eitzing im Innviertel. Groß genug, um wichtige Leute einzuladen: 2009 schrieb der Eitzinger Bürgermeister an den damaligen US-Präsidenten Barack Obama und fragte ihn, ob er nicht nach Amerika kommen wolle. Eine Antwort kam nie.

FUCKING HELL

… ist nicht nur ein Fluch in einer fremden Sprache, sondern war auch eine deutsche Biermarke, benannt nach dem oberösterreichischen Ort Fucking. Fucking Hell wurde zwischen 2011 und 2013 in der Privatbrauerei Waldhaus gebraut.

HALLSTATT MADE IN CHINA

Die Altstadt von Hallstatt gibt es gleich zweimal. Einmal am oberösterreichischen Hallstätter See und einmal in der chinesischen Provinz Guangdong. Kleiner Unterschied: Die chinesische Kopie wurde spiegelverkehrt erbaut und war nach nur einem Jahr Bauzeit (!) fertig.

Oberösterreich, ehemals Österreich ob der Enns, ist ebenso wie Wien und Niederösterreich schon lange Fixbestandteil dieses Landes. Geschichtsträchtig, abwechslungsreich und mitunter ein bisserl ordinär sind auch die Geschichten, die das nordwestliche Eckerl Österreichs zu erzählen hat: Lest und lernt, was ihr über verborgene Winkel oder Bäche mit obszönen Namen, schaurige Museen oder freizügige Skulpturen bestimmt noch nicht wusstet!

ZWEI WELTEN, EINE ORTSCHAFT

Diesseits und Jenseits ergeben zusammen St. Martin im Innkreis. Grund für die metaphysisch anmutende Teilung ist der Fluss Antiesen: Alles, was auf der Flussseite des Schlosses St. Martin liegt, gehört zu Diesseits; über dem Fluss liegt Jenseits.

BUMMERLHAUS

… heißt ein architektonisch interessantes Bürgerhaus aus dem 15. Jahrhundert, das den Stadtplatz von Steyr ziert. Den merkwürdigen Namen verdankt das Haus dem lustig dreinblickenden goldenen Löwen, der auf einem Sockel vor dem Gebäude thront. Er erinnert von Statur und Gesicht her nämlich eher an ein Hündchen - im Volksmund „Bummerl" - denn an einen ehrwürdigen Löwen.

STEYRISCHES WAPPEN

Das Wappen der Stadt Steyr gleicht dem der Steiermark.

„WOKI MIT DEIM POPO"

Das Hip-Hop-Duo Trackshittaz aus dem Mühlviertel sorgte 2012 beim Eurovision Song Contest für Furore: Mit ihrem Dialekt-Song, der zum Wackeln mit dem Hinterteil aufforderte, wurden sie allerdings nur Letzte.

PRESSESTIMMEN

Die schwedische Tageszeitung Sydsvenskan urteilte hart über das Lied, indem sie schrieb, selbst „der Maler aus Braunau" (Adolf Hitler) hätte einen besseren Geschmack gehabt. Die deutsche TAZ bezeichnete die Trackshittaz als „Analerotiker", der Schweizer Blick fand den Song „für den Arsch".

KOPIERTE STÄDTE

Hallstatt ist nicht die einzige europäische Stadt, die in China nachgebaut wurde: Auch Pariser Bauten inklusive Eiffelturm, eine Stadt im englischen Stil oder eine moderne deutsche Stadt wurden hier schon aus dem Boden gestampft - als innovativer Wohnraum für Reiche. Der Verkauf läuft allerdings schleppend.

EINE ALTE DAME NAMENS GISELA

Im Jahr 1871 drehte die MS Gisela erstmals ihre Runden am malerischen Traunsee, heute ist sie einer der ältesten noch betriebenen Raddampfer der Welt. Wer einmal an Bord gehen möchte, kann das an Sonntagen im Juli oder August tun. Die MS Gisela verkehrt zwischen Gmunden und Ebensee.

BELIEBTE NAMENSPATIN

Die MS Gisela ist nach Gisela von Österreich, einer Tochter Kaiser Franz Josephs I. und Kaiserin Elisabeths, benannt. Auch für die Giselabahn, die heute wenig befahrene innerösterreichische Bahnstrecke Salzburg-Wörgl, fungierte die Kaisertochter als Namensgeberin.

SCHLOSS ORTH

Das malerisch am Traunsee gelegene Seeschloss Orth, bekannt aus der TV-Serie „Schlosshotel Orth", ist in Wirklichkeit kein Hotel, sondern ein Museum und Veranstaltungsort.

SKANDAL!

Nicht im Sperrbezirk, sondern im malerischen Traunkirchen kam es 2017 zum Eklat, weil in einem privaten Garten ein steinerner Riesenpenis stand. Das altgriechische Artefakt war einigen Katholiken, die den Kreuzweg nebenan für die Andacht nutzen wollten, ein Dorn im Auge. Die Lösung des Konflikts: Das überdimensionale Geschlechtsteil wurde mit einer Plane verhängt, die ein Nietzsche-Zitat zierte: „Gelobt sei, was hart macht."

ARCHAISCHER RAUHNACHTSBRAUCH

In der Gegend um Ebensee und generell im ganzen Salzkammergut gibt es am 5. Jänner den Brauch der sogenannten Glöcklerläufe, bei denen weiß gekleidete Männer mit beleuchteten Kappen um die Häuser ziehen, singen und dabei von den Dorfbewohnern mit Alkohol und Speisen versorgt werden. Die „Schönperchten" sollen böse Geister vertreiben.

GRUSELMOTIVE
Während der NS-Herrschaft wurde eine Gruppe Ebenseer Glöckler nach Berlin geschickt, wo sie Kappen mit Hakenkreuzen und Hitler-Bildern trugen.

DER VOGELFÄNGER BIN ICH JA …
Jeder kennt wohl den Vogelfänger Papageno aus Mozarts Oper „Die Zauberflöte". Dass es heute tatsäch noch Menschen gibt, die sich mit dem Fangen, Ausstellen und wieder Freilassen von Singvögeln befassen, wissen allerdings nicht alle. Der umstrittene Brauch aus dem Salzkammergut zählt sogar zum immateriellen Kulturerbe Österreichs.

WENN SICH ZWEI VOGELFÄNGER TREFFEN
… dann begrüßen sie sich mit „Schnabö Heil" („Schnabel Heil"). Traditionell wird darauf erwidert: „Schnabö Dank".

ARSCHLOCHWINKEL
Der Arschlochwinkel befindet sich auf der nördlichen Seite des Dachsteinmassivs und ist auf manchen Wanderkarten abgebildet. Zu dem kuriosen Flurnamen kam es, nachdem Landvermesser Ende des 19. Jahrhunderts ortsansässige Bauern fragten, wie denn dieser namenlose Fleck auf der Karte heiße. Die Einheimischen gaben an, es handle sich um den Arschlochwinkel - und die Vermesser glaubten den Schmäh!

WEITERE TOLLE NAMEN
Auf der Alpenvereins-Karte des Dachsteinmassivs (1:25.000) finden sich außerdem ein kleines Fließgewässer mit dem Namen Arschkitzlbach, eine Soacherklamm (soachen = „urinieren"), und ein Futbrünnl.

MEISTERMELKER!
Bei den Österreichischen Meisterschaften im Gummieuter-Melken stellte 2006 Alois Bamberger einen Weltrekord auf: Unfassbare 4,5 Liter (oder 4498 Gramm) Wasser presste er aus dem Gummieuter - und das in nur drei Minuten! Das Event fand in Wels statt und wurde vom Oberösterreichischen Rinderzuchtverband organisiert.

KLO & SO
Wer sich einmal gründlich über die Geschichte des Klosetts sowie seine historischen Spielarten von Nachttopf bis W.C. informieren möchte, kann dies im Museum „Klo & So" im idyllischen Gmunden tun: Rund 300 alte Sanitärkeramik-Objekte warten hier nur darauf, von interessierten Besuchern bestaunt zu werden!

BUSENBRUNNEN
Vor dem Rathaus von Leonding ist ein ganz besonderer Brunnen zu bewundern: Er zeigt eine nackte Frau, aus deren Brüsten Wasser in ein Brunnenbecken plätschert. Aufgestellt wurde der Brunnen 2008 auf Betreiben des damaligen Bürgermeisters; als Vorbild diente ein Trinkbrunnen, der 1559 in

Treviso (Italien) erbaut wurde. Im alten Italien waren solche Brunnen keine Seltenheit - zu Feierlichkeiten füllte man zwecks Volksbelustigung sogar Rot- oder Weißwein ein.

EIN MUSEUM MIT GRUSELFAKTOR

… befindet sich in Linz. Sein Name: Museum für Geschichte der Zahnheilkunde und Zahntechnik. Historische Bohrer und Folterwerkzeuge sind hier ebenso zu sehen wie eine alte arabische Zahnbürste aus einem Zweig des Zahnbürstenbaumes (ja, den gibt es tatsächlich). Der Eintritt ist frei.

TÖDLICHER TRAUNSTEIN

Der 1691 Meter hohe Traunstein, gelegen am malerischen Traunsee, ist ein markantes Fotomotiv und Anziehungsobjekt für Bergsteiger und Touristen. Allerdings hat es der beliebte Berg ordentlich in sich: Sämtliche Anstiege sind steil und ausgesetzt, was vor allem „Turnschuhtouristen" immer wieder zum Verhängnis wird.

SCHOCKIERENDE STATISTIK

Seit Beginn der Zählung im Jahr 1897 haben bereits über 130 Menschen auf dem Traunstein ihr Leben verloren (Stand 2016). Zum Vergleich: Am „tödlichsten Berg der Welt", dem Schweizer Matterhorn (4.478 Meter), kamen mehr als 500 Bergsteiger um; am Mount Everest (8.848 Meter) über 215.

STEIERMARK

Diesmal ziert ein feuerspeiender silberner Panther mit roten Klauen und Hörnern das grüne steirische Wappen. Manchmal ist auch der Herzogshut der Steiermark auf dem Wappen zu sehen. Pikant: Der Panther, Wappentier des alten Geschlechts der Traungauer, spuckte früher sein Feuer aus allen Körperöffnungen, inklusive Ohren, Penis und After. 1926 erschien dies einer Landtagsabgeordneten als zu obszön. Seitdem darf nur noch das Maul des Panthers Feuer speien.

WALDREICHE STEIERMARK

Mit gut 61,6% bewaldeter Fläche ist die Steiermark Österreichs baumreichstes Bundesland und gilt zurecht als grünes Herz des Landes. Zum Vergleich: In Österreich sind rund 47,6% Waldgebiet.

DAS AUSTRO-JANISCHE PFERD

Mit stolzen 17 Metern Höhe und Platz für 40 Personen im Innenraum ist das Austrojanische Pferd vom steirischen Töchterlehof das größte Holzpferd der Welt.

JAGDSCHLOSS MÜRZSTEG

Das ehemalige kaiserliche Jagdschlösschen nahe Mürzsteg dient seit 1947 dem jeweils amtierenden Bundespräsidenten als Sommerresidenz.

ALTE MAUERN

Als erstes Gebäude von Graz wurde der Reinerhof 1164 urkundlich erwähnt. Seine heutige Bausubstanz stammt allerdings nicht mehr aus dem 12., sondern aus dem 16. Jahrhundert.

Urig, genussreich und zu einem nicht unwesentlichen Teil verrückt präsentiert sich die Steiermark, das „grüne Herz Österreichs", in diesem Kapitel. Wer war der Höllerhansl? Wo kann man das Kinderzimmer des wohl berühmtesten Steiermark-Exports und Gouvernators besichtigen? Was ist eine Ölkuh, und welche mysteriöse, aber unbedrohliche Spezies lebt sauerstofflos in den Tiefen eines legendenumrankten steirischen Gebirgssees? Und was zum Teufel haben die Steirer nur mit ihren Schwammerln? Dies und noch viel mehr verraten euch die kommenden Seiten.

GROSS- UND KLEINKLEIN
Mitten im steirischen Weinland liegt die Marktgemeinde Großklein. Nett: Gleich nebenan befindet sich der Ortsteil Kleinklein. Mit winzig hat der Name Klein allerdings wenig zu tun - es handelt sich um ein Wort unsicheren slowenischen Ursprungs.

VERRÜCKTER REKORD
Der in der Steiermark geborene Stuntman Josef („Joe") Tödtling wirkte schon in zahlreichen Hollywood-Produktionen mit und ist es gewohnt, ab und zu einmal angezündet zu werden. Am 27.6.2015 ließ er sich in Brand setzen und stolze 500 Meter von einem Pferd nachschleifen - Weltrekord! Aber: Bitte nicht nachmachen …

DER HÖLLERHANSL
Johann Reinbacher, vulgo Höllerhansl, war ein steirischer

Naturheiler, der nach dem 1. Weltkrieg große Bekanntheit erlangte. Seine Diagnosen erstellte er nach Beschau von Urinflaschen, verschrieben wurden selbstgemachte Kräutertees, die er gleich im Haus vertrieb. Von überallher pilgerten Patienten zum Höllerhansl - an manchen Tagen waren es gar 500.

STAINZER FLASCHERLZUG

Die Schmalspurbahn, die zwischen Preding-Wieselsdorf und Stainz verkehrt, ist auch als „Flascherlzug" bekannt. Warum? Weil vor gut 100 Jahren Massen an Heilungssuchenden per Bahn zum steirischen Wunderheiler „Höllerhansl" reisten, um sich ihre Urinflaschen begutachten zu lassen.

ADELIGER „GEBÜRGSBÄR"

Erzherzog Johann (1782-1859) liebte die Steiermark und das Bergsteigen in der unberührten Natur. Für die damalige Zeit war er sogar ein hervorragender Alpinist. Vom Wiener Hof jedoch erntete er nur Spott für seine ungewöhnliche Leidenschaft: Man nannte ihn naserümpfend „Gebürgsbär".

VERSTECKTER BACH

Weil der Grazbach bei Hochwasser über seine Ufer zu treten und bei Trockenheit erbärmlich nach Kloake zu stinken pflegte, beschloss man Ende des 19. Jahrhunderts, ihn per Verbauung in die Schranken zu weisen. Heute fließt der Grazbach zur Gänze unterirdisch und mündet schließlich in die Mur.

Grazer Uhrturm

BEGEHBARES PILGERKREUZ

Am Veitscher Ölberg entlang des Mariazellerweges wurde 2004 ein riesiges, von innen begehbares Holzkreuz aufgestellt. Mit seinen 40,7 Metern Höhe ist es weltweit das größte seiner Art!

PIONIERLEISTUNG

Als die Grazerin Elise Steininger 1893 den österreichweit ersten Frauen-Radfahrclub gründete, galt das Radeln für Damen noch als „unschicklich". Die Befürchtung der damaligen Herren: Die Frauen könnten durch das neumodische Fahrgerät zu mobil und emanzipiert werden.

Notiz am Rande
Der steirische Fahrradhersteller Johann Puch betrieb Ende des 19. Jahrhunderts eine Rad-Fahrschule, die explizit auch Frauen ansprach.

KERNÖL-FACTS AUS DER GRÜNEN MARK

Die aus dem steirischen Ölkürbis gewonnene Spezialität peppt Salate und Suppen auf und macht sich als Exportschlager verdient. Hier ein paar Fakten über das steirische Original:

- Original steirisches Kürbiskernöl erkennt man an der grünlichen Farbe - ist das Öl nur braun, handelt es sich höchstwahrscheinlich um ein Produkt aus einem anderen Land oder um einen Produktionsfehler.
- Die „Steirische Ölkuh" ist eine alte hölzerne Vorrichtung

zum Pressen der Kürbiskerne.
- „Ölkaas" nennt man die Überreste nach dem Ölpressen, die meist an Nutztiere verfüttert werden.
- Wer sich vor dem Fortgehen das weiße Leiberl mit Kernöl ankleckert, wird im Discolicht pink leuchtende Flecken sehen!
- Kernölflecken lassen sich am besten entfernen, wenn man das Kleidungsstück vor dem Waschen in die Sonne hängt.

GONDELBAHN IM MINI-FORMAT
Die kleinste Gondelbahn der Welt befördert Schokolade, genau genommen Trinkschokolade. Zu bestaunen in der Zotter-Erlebniswelt in Riegersburg!

TROMMELWEIBER
… sind im Ausseerland nicht aus den Faschingsfeierlichkeiten wegzudenken: Die als Frauen im Nachthemd verkleideten und maskierten Männer ziehen am Faschingsmontag und -dienstag trommelnd durch den Ort und werden dabei von den Bewohnern verköstigt.

HARTER TEST
Wer bei den Trommelweibern mitmachen will, muss verschiedene Aufnahmerituale über sich ergehen lassen, so etwa scharfe Pfefferoni essen, einen Viertel Liter Schnaps ohne Absetzen trinken, einen mit Senf gefüllten Krapfen essen, oder einen Ballon bis zum Platzen aufblasen. Anschlie-

ßend schwört das neue Trommelweib auf die Trommelweiberfahne und küsst diese.

ARNIE'S LIFE IM MUSEUM

In Thal bei Graz gibt es ein eigenes Museum, das sich ganz und gar Arnold Schwarzeneggers Leben verschrieben hat. Zu bestaunen sind sein Kinderzimmer, Filmrequisiten und Erinnerungsstücke. Sogar einen Museumsshop gibt es - für alle, die Terminator-Bierdeckel, Kondome oder ein Poster von dem steirischen Conan dem Barbaren brauchen.

WURM STATT SCHATZ

Seit 1959 im obersteirischen Toplitzsee Kisten mit gefälschten Pfund-Noten aus der NS-Zeit gefunden wurden, brodelte die Gerüchteküche um einen angeblichen Nazi-Goldschatz. Schatztaucher suchten lange nach dem versunkenen Reichtum - doch statt eines Schatzes entdeckten sie einen Wurm. Der sogenannte Toplitzseewurm ist ab einer Tiefe von 15-20 Metern zu finden und kommt weltweit nur hier vor. Weil das Wasser des Toplitzsees in größerer Tiefe keinen Sauerstoff mehr enthält, nutzt der mysteriöse Wurm Schwefelwasserstoff zur Energiegewinnung.

GRANDIOSER FUND

Bei einer perfekt geplanten Schatzsuch-Aktion durch die Profi-Tauchfirma Oceaneering, die auch die Titanic entdeckt hat, wurde der Grund des Toplitzsees im Jahr 2000 drei Wochen lang mit Tauchrobotern und bestem Equipment abgesucht. Gefunden wurde nur eine Kiste voller Bier-Kronenkorken, die 1984 von ein paar Witzbolden versenkt worden war.

STEINERNER HUND
Im 15. Jahrhundert hatte Kunigunde, Tochter Kaisers Friedrich III., ziemlichen Stress mit einem ungebetenen Verehrer, dem ungarischen König Matthias Corvinus. Er wollte sie sogar entführen lassen - doch diese Tat wurde durch das Bellen eines Hundes vereitelt. Der Kaiser dankte es dem Hund mit einem Denkmal: Auch heute noch ist ein kleiner, in Stein gehauener Hund knapp unterhalb des Grazer Uhrturmes zu finden.

SCHWAMMERL
Der Komponist Franz Schubert liebte es, mit seinen Grazer Freunden um Anselm Hüttenbrenner zu musizieren und um die Häuser zu ziehen. An einem durchzechten Abend erhielt der kleine (Schubert war nur 1,56 Meter groß) und etwas rundliche Komponist den liebevollen Spitznamen „Schwammerl", Anselm wurde „Schilcherl" gerufen.

ROMANHELD SCHUBERT
Im Jahr 1912 publizierte der österreichische Autor Rudolf Hans Bartsch einen pseudo-biografischen Roman über Franz Schubert. Der Titel: „Schwammerl".

Schlossberg

SCHWAMMERLTURM

… nennen die Leobner ihr liebstes Wahrzeichen. Warum? Weil der mittelalterliche Mauttorturm, der zugleich auch das Stadttor darstellt, mit seinem halbkugeligen Dach doch ein wenig an ein Schwammerl erinnert.

Notiz am Rande
Der Schwammerlturm hatte bis weit ins 18. Jahrhundert hinein ein spitzes Dach. Bei einem Erdbeben wurde dieses jedoch beschädigt und durch das markante pilzförmige Dach ersetzt.

JAGDSCHLOSS MÜRZSTEG

Das ehemalige kaiserliche Jagdschlösschen nahe Mürzsteg dient seit 1947 dem jeweils amtierenden Bundespräsidenten als Sommerresidenz.

GRUSELIGES FENSTER

In der Grazer Stadtpfarrkirche befindet sich ein ungewöhnliches wie gruseliges Glasfenster, auf dem Hitler und Mussolini zu sehen sind. Mit der Darstellung der Diktatoren, die wohlwollend grinsend die Leiden Christi beobachten, bohrte der während der NS-Zeit geächtete Künstler Albert Birkle in kollektiven Wunden.

AUSSICHTSREICHES FENSTER

Das spacige Grazer Kunsthaus ist mit seiner spektakulären Architektur, seiner Verkleidung aus 1.066 Acrylplatten und seinen Bullaugen definitiv ein Blickfang. Durch eines dieser Bullaugen - das einzige, das nach Osten zeigt - kann man von innen direkt auf den Grazer Uhrturm blicken!

GRAZER WECHSELSEITIGE

Die bekannte steirische Versicherungsanstalt wurde 1828 von Erzherzog Johann höchstpersönlich als Feuerversicherung für Jedermann ins Leben gerufen. Damals hieß die Versicherung allerdings noch recht umständlich „k.k. privilegierte innerösterreichische wechselseitige Brandschadenversicherungsanstalt".

KÄRNTEN

Das kleine Wappen von Kärnten zeigt links drei schwarze Löwen auf goldenem Grund und rechts den österreichischen Bindenschild. Die Löwen weisen auf eine Seitenlinie der Babenberger hin. In der prunkvolleren großen Fassung trägt das Wappen einen Helm mit Krone, seitlich drapierten Zierbändern und langen Büffelhörnern. Von den Hörnern hängen außerdem je 15 rote und schwarze Lindenblätter herab.

IRON MAN AUSTRIA

Jährlich wird Kärnten zum Schauplatz des Ironman, einem der größten und härtesten Triathlonbewerbe der Welt. Insgesamt sind 226 Kilometer im und um den Wörthersee zu bewältigen, am Start stehen ca. 3.000 Sportler und Sportlerinnen aus über 60 Nationen.

HUNGRIGE ATHLETEN

Bei den Versorgungsstationen entlang der Strecke werden rund 3 Tonnen Bananen, 10.000 Energieriegel, 1,5 Tonnen Orangen und 8.000 Liter Cola verteilt.

HÖCHSTER BERG

Der 3.798 Meter hohe Gipfel des Großglockners befindet sich genau am Schnittpunkt zwischen Kärnten und Osttirol.

INGEBORG-BACHMANN-PREIS

Seit 1977 wird in Klagenfurt jährlich der renommierte und mit 25.000,- Euro dotierte Ingeborg-Bachmann-Preis für deutschsprachige Literatur vergeben. Am Wettbewerb teilnehmen können 14 Literaturschaffende, die ausgewählten Texte müssen noch unveröffentlicht sein und dürfen höchstens 25 Minuten Lesezeit beanspruchen.

Kärnten, auch bekannt als Carantanien oder Nordslowenien, hat alles, was ein perfektes Urlaubsland ausmacht: Glänzende, schneebedeckte Gipfel, spiegelglatte Seen in Badetemperatur und Einheimische, die so reden wie Armin Assinger. Obwohl in Kärnten einige Dinge nie ganz angekommen sind - zum Beispiel politischer Anstand oder verantwortungsvoller Umgang mit öffentlichem Geld - hat das Land einiges auf Lager, das dem geneigten Leser das Staunen oder Schmunzeln lehren kann.

KÄRNTNER GHOSTBUSTERS

Im Kärntner Lavanttal und Görschitztal weiß die autochthone Bevölkerung genau, wie man sich gegen übernatürliche Gäste schützt: Nämlich mit allem, was Eisen enthält und schneidet! Aus diesem Grund legt man von Weihnachten bis Neujahr scharfe Messer, Sägen, Scheren, Hacken und Sensen unter einen weiß gedeckten Tisch, der an den Beinen mit einer schweren Kette umwickelt wird. Dieser Brauch, auch „Roateln" genannt, soll Bauern Glück und gute Ernte bringen.

WELT IM TASCHENFORMAT

Wer sich die Sehenswürdigkeiten der ganzen Welt anschauen möchte, aber kein Geld für die nötigen Flugtickets hat, sollte dem Klagenfurter Freizeitpark Minimundus einen Besuch abstatten: 156 detailreiche Bauwerke aus über 40 Ländern im Maßstab 1:25 warten hier darauf, bestaunt zu werden - unter anderem der Petersdom, das Adria-Schloss Miramare oder der Pariser Eiffelturm.

POSTHUM ENTFÜHRT
… wurde der deutsch-österreichische MIlliardär Friedrich Karl Flick in Kärnten. Grabräuber stahlen 2008 seinen Sarg samt Leichnam aus dem Mausoleum in Velden am Wörthersee und brachten ihn nach Ungarn, um von der Familie Lösegeld zu erpressen. Ein Jahr darauf wurden die Drahtzieher in Budapest von der Polizei geschnappt - und Flick erneut begraben.
Obskur: Flick hatte zeitlebens befürchtet, Opfer einer Entführung zu werden.

NÄRRISCHE GRÜSSE
Alle Jahre wieder zur Faschingszeit begrüßen sich Narren und andere spaßige Gesellen in Villach mit dem berühmten „Lei Lei!". Aber Achtung: So gut wie jede Faschingsgilde hat einen anderen Schlachtruf! So grüßen die Narren aus Feldkirchen etwa mit „Gluck Gluck", jene aus Klagenfurt mit „Bla Bla" und jene aus Treffen am Ossiacher See mit „Tra La La".

GROSSGLOCKNER-PIONIERE
Im Jahr 1800 machte sich eine Expedition von 62 Leuten auf, um den höchsten Berg Österreichs zu erklimmen, darunter der Pfarrer Mathias Hautzendorfer. Bauern und Zimmermänner aus Heiligenblut stellten sich als Bergführer zur Verfügung - und errichteten auch das erste, stolze 3,8 Meter hohe Gipfelkreuz!

GIPFELSTÜRMER
Heutzutage besteigen etwa 8.000 Menschen jährlich den Großglockner.

SO EIN AFFENTHEATER!
Am „Affenberg" nahe der Burg Landskron leben rund 150 Japanmakaken wie in freier Wildbahn. Wer sich hautnah in das Reich der agilen wie intelligenten Tiere begeben möchte, kann dies von Frühling bis Herbst tun!

DREIFARBIG
Kärnten hat mit seiner gold-rot-weißen Landesflagge als einziges österreichisches Bundesland eine dreifarbige Flagge.

RITTER VON GALLENSTEIN
… hieß jener Dichter, der 1822 das Kärntner Heimatlied „Dort wo Tirol an Salzburg grenzt" schrieb. Seit 1911 ist das Lied die Landeshymne Kärntens, nur eine Strophe wurde nachträglich noch hinzugefügt.

TAG DER UNSCHULDIGEN KINDER
In einigen Regionen der Kärntens und der Steiermark wird am 28. Dezember mit einem merkwürdigen Brauch namens „Biesln" der ermordeten Kinder von Bethlehem gedacht: An diesem Tag dürfen die Kinder frühmorgens nämlich mit Ruten um die Häuser ziehen und die Erwachsenen damit schlagen. Dabei sagen sie Sprüche auf, was Glück und Gesundheit für das nächste Jahr bringen soll.

RASER-SCHRECK
Im Jahr 2006 fuhr die österreichische Polizei probeweise einen Porsche 911 Carrera - allerdings war der Raser-Jäger auf vier Rädern nur ein halbes Jahr im Einsatz. Der Grund: Zu teuer, zu klein. Heute ist der flotte Polizei-Schlitten im Museum des Porsche-Werks Gmünd zu bewundern!

WER HAT'S GESTOHLEN?
Das sogenannte Sauschädelstehlen zur Faschingszeit ist ein in Oberösterreich, der Steiermark und vor allem in Kärnten verbreiteter Brauch: Hierbei begibt sich das ganze Dorf auf die Suche nach einem „gestohlenen" Sauschädel. Darauf folgt eine theatralische Gerichtsverhandlung, bei der es keine Unschuldigen gibt - und zu guter Letzt wird der Sauschädel gemeinsam verspeist.

NAMENREICHES GEMÜSE
Was der Wiener als Fisolen kennt, ist in Kärnten als Stangalan („Stangerln") und in der Steiermark als Bohnscharln („Bohnenschoten") bekannt. Die Deutschen sagen grüne Bohnen zu dem Gemüse.

VEREIN ZUR VERZÖGERUNG DER ZEIT
Der in Klagenfurt ansässige Verein zur Verzögerung der Zeit wurde im Jahr 1990 gegründet und befasst sich seitdem in Form von offenen Diskussionen, Symposien und Printmedien mit dem Thema Zeit. Wer Kontakt mit dem Verein aufnehmen möchte, kann dies via Schnecken-Post an die Adresse Sterneckstraße 15 tun.

FILMSTAR WÖRTHERSEE

Der malerische Wörthersee steht seit jeher bei Filmproduzenten hoch im Kurs: Von 1948 bis heute wurden über 29 Filme dort gedreht, vor allem Liebesfilme und Komödien.

TV-IDYLLE AM SEE

Die österreichisch-deutsche Fernsehserie „Ein Schloss am Wörthersee" (1990-1992) wurde unter dem Titel „Lakeside Hotel" in mehr als 40 Länder verkauft. Die Hauptrolle spielte Roy Black, als Gaststars traten unter anderem Wolfgang Ambros, Ottfried Fischer oder Falco auf.

EISLAUFPARADIES

Der langgezogene Weißensee ist jährlich Schauplatz eines gigantischen Eisschnelllauf-Bewerbes auf Natureis. Rund 3.000 Teilnehmer rasen hier bei der „Alternativen holländischen 11-Städte-Tour" bis zu 200 Kilometer weit um die Wette. Für die 200 Kilometer brauchte der Weltrekordhalter 5 Stunden und 11 Minuten.

DER HAUCH DES TODES

… lautet der Titel jenes James Bond-Abenteuers von 1986, in dem der Weißensee für die Eislaufszenen als Kulisse diente. Noch prominenter als der Weißensee kam allerdings Wien in dem Streifen vor: Gedreht wurde unter anderem bei der Volksoper, dem Gasometer, in den Sofiensälen und im Prater.

Schimpfen wie ein echter Wiener

Der STADTBEKANNT Guide für das kunstvolle Schimpfen in Wien

Schimpfen kann man lernen. Wer in Wien wohnt, muss das sogar gewissermaßen tun, um den Alltag unter lauter Deppaten zu bewältigen. Aus diesem Grunde entstand dieser Guide, der einem jenes Wissen vermittelt, das man zum Überleben einfach braucht. Ob universelle Schimpfwörter, kulinarische Schmähungen oder richtig derbe Flüche – all das ist in dem STADTBEKANNT-Guide **Schimpfen wie ein echter Wiener** enthalten und wartet nur darauf, entdeckt zu werden.

Stadtbekannt.at
Schimpten wie ein echter Wiener
128 Seiten • ISBN 978-3-902980-43-4 • € 9,99

SALZBURG

Das Salzburger Wappen erinnert stark an das Kärntner Wappen und umgekehrt. Zentraler Unterschied ist der aufrechte schwarze Löwe auf der rechten Seite. Hinzu kommt der Fürstenhut, mit dem das Wappen manchmal gekrönt ist - er erinnert an die Zeit, als Salzburg noch Fürsterzbistum war. Und: Der Bindenschild im Salzburger Wappen ist ausnahmsweise nicht jener der Babenberger, sondern jener der Staufer oder Spanheimer.

SALZBURGER FESTSPIELE

Mit ungefähr einer viertel Million Besuchern und 180-200 Aufführungen jährlich gelten die Festspiele in der Mozartstadt als die größten ihrer Art weltweit.

NATURSPEKTAKEL

Über eindrucksvolle 380 Meter und drei Steilstufen stürzen sich die tosenden Wassermassen der Krimmler Wasserfälle in die Tiefe. Kein Wasserfall in Österreich ist höher!

EISRIESENWELT

Die faszinierende Eisriesenwelt bei Werfen im Tennengebirge ist mit 42 Kilometern Länge die größte begehbare Eishöhle der Welt.

WARENVIELFALT

Die schmale Goldgasse in der Salzburger Altstadt wurde nach den ansässigen Berufsgruppen früher auch Milchgasse, Sporer- oder Schlossergässchen genannt.

Das Bundesland Salzburg ist alles zugleich: Seenreiches Urlaubsidyll, Skiparadies, Land der weltberühmten Festspiele, Sehnsuchtsort für Reich und Schön aus Nah und Fern, Projektionsfläche des Österreichischen Klischees. Hier, wo kühles Stiegl fließt, flaumige Salzburger Nockerln serviert werden, Mozartkugeln rollen, „Jedermann" laut erschallt und The Sound of Music gedreht wurde, fließen alpines und urbanes Lebensgefühl zusammen wie sonst nirgendwo. Erfahrt in diesem Kapitel allerlei Kurioses, Interessantes und Verblüffendes über die Festspielstadt und das Bundesland rundherum!

GROSSSTADTGÄMSEN

Auf dem Salzburger Kapuzinerberg lebt eine Gämsenkolonie von konstant etwa 9-12 Tieren, die von einem eigenen Stadtjäger betreut werden. Da die Gämsen den Anrainern allerdings immer wieder die Gärten kahl fraßen, wurden sie wörtlich zur Zielscheibe: Nächtliche Schüsse und verschwundene Gämsen sprechen eine deutliche Sprache …

SURFING IN THE CITY

Was für München die Eisbergwelle ist, ist für Salzburg die Surfwelle am Almkanal. Die kleine, feine Welle (ca. 0,5 Meter hoch und 4,5 Meter breit) zieht regelmäßig Wassersportler an - und sie kann sogar verstellt werden!

WER HAT'S ERFUNDEN?

Sie ist der Inbegriff einer österreichischen Süßigkeit: die Mozartkugel. Ausgedacht hat sich die beliebte Schleckerei die Konditorei Fürst - ihre „Original Salzburger Mozartkugeln" werden bis heute händisch produziert und sind an ihrer silbrig-blauen Stanniolfolie erkennbar.

OFT KOPIERT

Mangels Patentanmeldung auf Rezept und Namen kopierten andere Süßwarenfabrikanten bald die erfolgreiche Mozartkugel, unter anderem die Konditoreien Schatz und Holzermayr und die Großhersteller Mirabell, Heindl, Hofbauer, Schmidt und Reber.

FALSCHE HYMNE!

Weil viele Touristen aus den USA und Asien Österreich nur aus dem Musical-Heimatfilm The Sound of Music (1965) kennen, halten sie nicht selten den Song „Edelweiß" für ein traditionelles Volkslied oder gar die Österreichische Nationalhymne.

IDEAL FÜR KITSCHLIEBHABER

… sind die verschiedenen „Sound of Music" Führungen, Touren und Rundfahrten, die von Salzburg aus angeboten werden. Besucht werden Drehorte und Schauplätze des Films - und zwar per Bus, zu Fuß oder per Fahrrad. Über 300.000 Besucher aus der ganzen Welt nehmen jährlich an einer solchen Tour teil.

CHRISTIAN DOPPLER

Der Salzburger Mathematiker und Physiker Christian Doppler (1803-1853) wurde durch die Entdeckung des Doppler-Effekts berühmt. Nach ihm benannt sind: ein Gymnasium, ein Krater am Mond, eine Klinik, ein Preis der Salzburger Landesregierung für wissenschaftliche Leistungen, eine Straße, ein Platz, ein Asteroid und ein von Gletschern umgebener Berg in der Antarktis.

1492

… entdeckte nicht nur Christoph Columbus Amerika, sondern begann auch die Salzburger Brauerei Stiegl mit dem Bierbrauen.

OLDIE

Noch früher dran als Stiegl war die Brauerei Hofstetten, die ihren Betrieb angeblich schon 1229 aufnahm und somit die älteste Brauerei Österreichs ist.

SAMSONTRAGEN

… ist ein Brauch im Salzburger Lungau. Jährlich zu Fronleichnam tragen die Bürger der teilnehmenden Gemeinden etwa sechs Meter hohe, bunt gestaltete „Samsonfiguren" quer durch den Ort.

SALZBURGER NOCKERLN

Die klassische Süßspeise aus Eischnee, von Peter Alexander als „süß wie die Liebe und zart wie ein Kuss" besungen, soll der Legende nach optisch an die Salzburger Berge Mönchsberg, Kapuzinerberg und Gaisberg erinnern. Erfunden hat den kulinarischen Glücksgriff angeblich die Mätresse eines Salzburger Fürsterzbischofs im 17. Jahrhundert, was vermuten lässt, dass dieser auch für kulinarische Sünden anfällig war.

LEDERHOSE XXXXL
Die weltgrößte Lederhose ist 5,52 Meter lang und an der Hüfte 4,51 Meter breit. Ihr Schöpfer Gerhard Ritsch präsentierte sie am 13.7.2013 am Trachtenseefest in Zell am See. Rund 111 Quadratmeter Leder und 150 Arbeitsstunden brauchte es, um das riesige Kleidungsstück fertigzustellen!

WÜTENDER PRINZ
Dass Adelige nicht immer mit feinsten Manieren glänzen, bewies Ernst August Prinz von Hannover 1999 auf den Salzburger Festspielen: Er verpasste einer Fotografin der Zeitschrift Bunte einen Tritt in den Allerwertesten, nachdem diese um ein Foto gebeten hatte. Die Ausfälligkeiten des Prinzen waren dank Presse bekannt; Ernst August wurde sogar mehrfach wegen seiner Ausraster verurteilt.

POOL FÜR PFERDE
Sie sieht aus wie ein gewöhnlicher Barockbrunnen und befindet sich direkt neben dem Salzburger Festspielhaus: die berühmtere der beiden erhaltenen Salzburger Pferdeschwemmen. Einst tränkte und badete man hier die edlen Rosse des Fürst Erzbischofs, ehe man sie in die Stallungen nebenan führte.

Festung Hohensalzburg

PFERDEÄPFEL IM FESTSPIELHAUS

… waren früher durchaus keine Seltenheit. Bis Anfang des 19. Jahrhunderts bildete es nämlich gemeinsam mit der Felsenreitschule, dem kleinen Festspielhaus und dem Stadtsaal die fürst-erzbischöflichen Hofstallungen.

SUBTILES STATEMENT

Im Jahr 2015 kam es bei den Salzburger Festspielen zu einem kleinen Eklat, als die „Jedermann"-Band dem im Publikum sitzenden HC Strache ein paar Sekunden lang die sozialistische Hymne „Internationale" vorspielte. Das Internet tobte und empörte sich über die kleine politische Stellungnahme.

ABERSEE

Der Wolfgangsee war viele Jahrhunderte vor allem als Abersee bekannt. Heute hat sich der Name Wolfgangsee etabliert - dafür heißt jetzt ein Ortsteil von St. Gilgen Abersee.

WINZIG

Das kleinste Haus von Salzburg befindet sich am Alten Markt 10a und beherbergt ein nobles Juweliergeschäft. Mit nur 1,42 Metern Breite füllt es die Lücke zwischen seinen größeren Nachbargebäuden geschickt aus.

OPFER DER SALZBURGER FESTUNGSBAHN

… wurde das alte Wohnhaus Johann Michael Haydns. Der Bruder des berühmten Joseph Haydn war ebenso Komponist. Allerdings erlebte er den Umbau seines Häuschens zur

Talstation der Festungsbahn 1891 nicht mehr: Er war bereits 1806 gestorben.

SALZBURGER STIER
In der Festung Hohensalzburg ist mit dem Salzburger Stier das älteste noch bespielte Hornwerk der Welt ausgestellt. Die gigantische Walzenorgel aus dem Jahr 1502 hat über 200 verschiedene Pfeifen und ist täglich zu hören: Immer um 7:00, 11:00 und 18:00 Uhr wird der Stier in Betrieb genommen!

SALZBURGER STIER II UND III
Nicht nur das lautstarke Hornwerk der Festung, sondern auch ein begehrter, mit 6.000,- Euro dotierter Radio-Kabarettpreis trägt den Namen Salzburger Stier. Als Salzburger Muskestier bekannt ist wiederum ein beliebtes Fechtturnier in der Mozartstadt.

ZWERGELGARTEN
Der barocke Zwergelgarten, gelegen neben dem Mirabellgarten, beinhaltete einst 28 groteske Figuren aus Marmor, die kleinwüchsige Menschen darstellen sollten. Im Barock war dies durchaus üblich, um 1800 jedoch begann man, die „Zwergel" als geschmacklos wahrzunehmen und verkaufte sie. Heute bemüht man sich, die Statuen zurückzubekommen und wieder aufzustellen, was bisher jedoch nur bei 15 Stück geglückt ist. Weitere acht tummeln sich nämlich immer noch in Privatgärten in Salzburg und Bayern, und fünf gelten als ganz und gar verschollen.

Schloss Mirabell

TIROL

Darstellungen des charakteristischen roten Tiroler Adlers gibt es schon seit dem Mittelalter. Ursprünglich gehörte das Wappentier zum Adelsgeschlecht der Grafen von Tirol, die etwa in der Region um Meran ansässig waren. Der grüne Lorbeerkranz am Kopf des Adlers kam später hinzu und soll an den Tiroler Freiheitskampf zur Napoleonischen Zeit erinnern.

WETTBEWERB

Alle Sommer wieder tummeln sich vor dem Innsbrucker Goldenen Dachl eine Menge Menschen mit guter Sprungkraft: Für den Leichtathletik-Bewerb „Internationale Golden Roof Challenge" wird nämlich eine ganze Stabhochsprung- und Weitsprung-Anlage direkt vor dem Wahrzeichen in der Altstadt aufgebaut!

UNNÜTZE BERGE

In den Brandenberger Alpen befinden sich drei Berge namens Hinterunnütz (2.007 Meter), Vorderunnütz (2.078 Meter) und Hochunnütz (2.075 Meter). Wie die Unnützen zu ihren Namen kamen? Sie waren einfach zu steil und felsig, um Kühe darauf weiden zu lassen. Heute sind sie zumindest für Wanderer und Bergsteiger nützlich.

KOTALM

Wer die Unnütze erklimmen möchte, tut dies am einfachsten über die Steinberger Kotalm - rund drei Stunden ist der Wanderer hier unterwegs.

FÜR DIE FISCH!

Der Innsbrucker Alpenzoo, gelegen am Hang der Nordkette, hat das größte Kaltwasseraquarium der Welt. Rund 200.000 Liter Wasser passen in den gigantischen Wasserbehälter, in dem seltene alpine Fischarten zu bestaunen sind.

Während die Rest-Österreicher Tirol meist nur von seiner winterlichen Seite kennen, wenn Wedelspaß, Hüttengaudi und zünftige Schlager aus dem Lautsprecher die Massen in die Berge locken, sehen die Tiroler selbst ihr Land quasi als Wiege der Menschheit - da passt der tiefgefrorene Urzeitmensch Ötzi ganz gut ins Konzept.
Nicht umsonst heißt es im heiligen Land: „Bisch a Tiroler, bisch a Mensch, bisch koana, bisch a Oaschloch." Das klingt nicht sehr freundlich? Macht nichts. Schließlich müssen in Tirol nicht einmal die Grabsteine Freundliches verkünden, und Teufel treiben hier auch noch immer ihr Unwesen. Aber lest selbst ...

GEH DOCH AUF DEN FRIEDHOF LACHEN!
Auf dem Museumsfriedhof Kramsach in Tirol kann man historische Grabkreuze bewundern, die in Reimform bösartige Hinweise auf das Leben der Verstorbenen geben. Etwa so:
- „Hier ruht der Brugger von Lechleithen, er starb an einem Blasenleiden, er war schon je ein schlechter Brunzer, drum bet für ihn ein Vaterunser."
- „Hier ruht Johanna Vogelsang, sie zwitscherte ihr Leben lang."
- „Hier liegt in süßer Ruh, erdrückt von seiner Kuh, Franz Xaver Meier. Daraus ersieht man, wie kurios man sterben kann."
- „Unter diesem Rasen liegt die versoffene Kupferschmied Nasen."

Übrigens: In Zwettl im Waldviertel existiert eine ähnliche Sammlung lustiger Grabinschriften.

ALPINER KRAFTSPORT

Gerieten früher einmal zwei Tiroler in Streit, gab es eine einfache Art, den Zwist zu klären. Die Kontrahenten setzten sich gegenüber an den Wirtshaustisch, hakten ihre Mittelfinger ineinander und versuchten, einander „über den Tisch zu ziehen". Heute ist das „Fingerhakeln" ein wahrer Sport; Meisterschaften werden in Österreich und Bayern in verschiedenen Gewichts- und Altersklassen ausgetragen!

SKURRILER WETTBEWERB

In Tirol findet eine Meisterschaft im Kuhfladenweitwurf statt. Und wie kann es anders sein - als erster Preis winkt die „Goldene Kuhflade"! Um ein faires Spiel zu garantieren, ist es verboten, dem Kuhfutter Zement für bessere Fladen-Haltbarkeit beizumischen.

HANSI EROBERT DÄNEMARK

Der Tiroler Ex-Skirennfahrer und Schlagerstar Hansi Hinterseer schaffte es mit seinen Alben The Danish Collection und Ich hab Dich einfach lieb (beide 2010) auf den ersten Platz der dänischen Album-Charts.

ENZIANSCHNAPS

Der bittere Enzianschnaps gilt in Tirol und darüber hinaus als Spezialität. Entgegen der geläufigen Vorstellung wird der

Schnaps aber nicht aus den Blüten des blauen Enzians, sondern aus den Wurzeln des gelben oder punktierten Enzians gebrannt.

FISSER BLOCHZIEHEN
Bei diesem archaischen Fastnachtsbrauch im Tiroler Fiss wird alle paar Jahre ein 35 Meter langer Zirbenstamm von aufwendig verkleideten Männern quer durchs Dorf gezogen. Der „Schwoaftuifl", ein als Teufel maskierter Störenfried, zieht dabei in die entgegengesetzte Richtung.

Notiz am Rande
Der „Bloch" steht sinnbildlich für den Pflug, der den Boden für den Frühling vorbereiten soll.

MIT DER U-BAHN AUF DIE PISTE
Der Tiroler Skiort Serfaus hat eine eigene U-Bahn: die Dorfbahn Serfaus. Die schienen- und fahrerlose Luftkissenschwebebahn verkehrt unterirdisch auf einer Strecke von 1.280 Metern und hat vier Stationen. Damit hält sie den Weltrekord für die kleinste und höchstgelegene Bahn ihrer Art!

ZIPFLBOB-RASER
Wie schnell man wohl mit einem Zipflbob fahren kann, fragte sich 2009 Frederik Eiter - und stellte 2009 am Pitztaler Gletscher prompt den Weltrekord auf. Mit seinem gelben Bob erreichte er auf der eigens präparierten Piste ein Tempo von 157,34 km/h!

SCHUHPLATTLER-REKORD
Einen offiziellen Weltrekord im Schuhplatteln stellte der Tiroler Landes-Trachtenverband am 28.6.2008 in Höfen auf: Unglaubliche 1.296 Personen nahmen an dem traditionellen alpenländischen Tanz teil.

RASPUTINS HÖRNER
… haben die weltweit größte Spannweite! Der Kopfschmuck des feschen Lienzer Ziegenbocks misst fabelhafte 135,2 Zentimeter und erfüllt auch Besitzer Martin Pirker mit Stolz.

GLETSCHERMARATHON
Ein Marathonlauf für die ganz Harten wird jährlich im Tiroler Pitztal ausgetragen: Vom Start am Talende des Pitztales bis zum Ziel in Imst sind nämlich 636 Höhenmeter bergauf und 1.200 bergab zu bewältigen. Als Belohnung gibt es ein atemberaubendes Bergpanorama.

EINEN KAISERSCHMARRN, BITTE!
Den weltgrößten Kaiserschmarrn bereiteten fünf Köche am 3.10.2015 im Auftrag des Tourismusverbandes Stuba in Kamplersee, Neustift zu: 155 Kilogramm der leckeren Süßspeise entstanden in der riesigen Pfanne - das reichte für gut 750 Portionen! Der Erlös aus dem Verkauf ging an Licht ins Dunkel.

BIG BOOM
… ist der Name des weltgrößten Schlagzeugs, das jemals

gebaut und gespielt wurde. Das geniale Ungetüm wiegt etwa 1,5 Tonnen und ist 6,5 Meter hoch. Und wer hat's erfunden? Nicht die Schweizer, sondern die Lienzer Percussion-Band Drumartic, bekannt unter anderem durch die Teilnahme an der Show „Die große Chance".

KLEIN-TIROL IN PERU

Das peruanische Dorf Pozuzo im Osten der Anden wurde Mitte des 19. Jahrhunderts von einer Gruppe Tiroler, Rheinländer und Bayern kolonisiert - bis heute haben dort alpenländische Bräuche und Traditionen überlebt!

SCHANZENREKORD

Der Schanzenrekord im Skispringen auf der berühmten Bergiselschanze liegt bei 138 Metern und wurde 2015 von Michael Hayböck ersprungen.

„KOTZEN - KLASSIK"

… ist der Name einer Sportveranstaltung im Stubaital. Hierbei gilt es aber nicht, möglichst viel Bier zu trinken und dieses wieder von sich zu geben, sondern möglichst schnell einen Berg hinauf zu laufen bzw. zu radeln. Dass man sich dabei vor Anstrengung übergibt, mag vorkommen - Namensgeber für den Bergduathlon war allerdings der auf der Landkarte mit 1588 Meter verzeichnete Kotzen, der auf dem Weg zum Nederjoch passiert wird.

FROSTIGER SPASS
Alle Jahre wieder findet am Achensee ein frostig-verrückter Silvesterbrauch statt: Mit möglichst ausgefallenen Kostümen wird in den Achensee gesprungen, zu einem 25 Meter entfernten aufblasbaren Eisberg geschwommen, die Silvesterglocke geläutet und wieder zurück geschwommen.

SCHLUTZKRAPFEN
… sind eine Tiroler Spezialität: Die kleinen Teigtaschen sind mit Fleisch, Kartoffeln, Spinat und Topfen, oder Rüben und Speck gefüllt. In den italienischsprachigen Gegenden Südtirols nennt man die Schlutzkrapfen originellerweise ravioli tirolesi.

WAS HEISST „SCHLUTZEN"?
In Südtirol, aber auch in Osttirol und Kärnten bedeutet „schlutzen" sinngemäß „gleiten" oder „rutschen". Wer schon einmal Schlutzkrapfen gegessen hat, weiß, warum sie diesen Namen tragen …

ERFINDERGEIST
… bewies der Kufsteiner Josef Madersperger, der im frühen 19. Jahrhundert nach Wien zog und dort die Nähmaschine entwickelte. Obwohl seine Erfindung später die Welt eroberte, starb der glücklose Erfinder mittellos. Heute sind Straßen in Wien, Linz, Innsbruck und Kufstein nach Madersperger benannt; im Wiener Resselpark am Karlsplatz wurde ihm sogar ein Denkmal errichtet.

MINI-MUSEUM
Im Kufsteiner Geburtshaus Josef Maderspergers ist heute ein Nähmaschinen-Museum mit nur 14 Quadratmeter Fläche untergebracht.

KRAUT ODER PREISELBEER?
Tiroler Kiachln sind in Fett herausgebackene Hefeteig-Fladen. Die perfekte Kiachl ist außen dick und innen dünn und knusprig. Traditionell werden Kiachln entweder mit Sauerkraut oder mit Preiselbeermarmelade gegessen.

MORDFALL ÖTZI
Die berühmte Gletschermumie „Ötzi" beschäftigt seit ihrem Fund 1991 Scharen von Forschern. Besonders interessant: Die rätselhaften Todesumstände des Steinzeitmannes, die bis heute nicht restlos geklärt sind. Vermutet wird allerdings, dass Ötzi beim Rasten bzw. Jausnen auf dem über 3.000 Metern gelegenen Tisenjoch hinterhältig mit einem Pfeil erschossen wurde. Grund dafür waren wohl persönliche Zwistigkeiten - Ötzis kostbares Kupferbeil interessierte den Mörder nämlich nicht, es wurde bei der Leiche gefunden.

PANNENREICHE BERGUNG
Weil man nicht sofort wusste, wie wertvoll Ötzi für die Wissenschaft war, wurden bei seiner Bergung einige Fehler gemacht: So etwa wurde seine Hüfte beim Ausgraben mit einem Presslufthammer beschädigt und sein Arm gebrochen,

um ihn in einen Sarg zu bekommen. Beinahe hätte man Ötzi einfach bestattet, im Glauben, er sei nur eine weitere alte Leiche, deren Mörder ohnehin nicht mehr gefunden werden könnte - doch dem kamen die Forscher zuvor.

WEITERE FAKTEN ÜBER DEN GLETSCHERMANN

- Ötzi vertrug vermutlich keine Milchprodukte und litt außerdem an Kreislaufstörungen.
- Ötzi hatte braune Augen, braunes Haar und 61 kleine Tattoos.
- Je nachdem wie viel Schnee der Gletscher gerade führt, liegt Ötzis Fundstelle in Italien oder in Österreich.
- Ötzi ist die einzige je in Mitteleuropa entdeckte Leiche aus der Kupfersteinzeit, die durch Gefriertrocknung perfekt erhalten blieb.

EUROPABRÜCKE

Die 1963 eröffnete Europabrücke der Brenner-Autobahn ist mit 190 Metern Höhe die höchste Brücke Österreichs. Aus diesem Grund steht das außergewöhnliche Bauwerk auch bei Bungee-Jumpern hoch im Kurs, die sich immer wieder gerne von der Brücke in die Tiefe stürzen.

VORARLBERG

Was wie ein roter Wandteppich anmutet, ist in Wirklichkeit das alte Kriegsbanner der Grafen von Montfort. Wissenswert: In friedlichen Zeiten verwendeten die Grafen eigentlich eine Schwarz-Weiß-Version des Wappens; diese ist heute das Wappen der Stadt Feldkirch!

EINZIGARTIG

Während der Rest von Österreich bajuwarische Dialekte spricht, ist Vorarlberg das einzige Bundesland, dessen Dialekt alemannische Wurzeln hat. Mit dabei in der alemannischen Dialektfamilie sind außerdem Schweizerdeutsch, Schwäbisch, Elsässisch und Walserdeutsch.

INSPIRIERENDER SONNENBRAND

Der 3.312 Meter hohe Piz Buin ist der höchste Berg Vorarlbergs. Nicht-Bergsteigern ist vielleicht aber auch die Sonnencreme-Marke „Piz Buin" ein Begriff. Erfunden hat sie 1938 ein junger Chemiestudent namens Franz Greiter, der sich bei der Tour auf den Piz Buin einen so schlimmen Sonnenbrand holte, dass er beschloss, ein Produkt dagegen zu entwickeln - das Sonnenöl war geboren!

GIGANTISCH

Die imposante Seebühne Bregenz dürfte Opernfans und Bond-Fans („Ein Quantum Trost") gleichermaßen ein Begriff sein. Dass sie mit gut  7.000 Zuschauerplätzen allerdings auch den Weltrekord für die größte Seebühne hält, macht stolz!

LÄNGSTER STRASSENTUNNEL

Der Arlbergtunnel von Tirol nach Vorarlberg ist mit 13.972 Metern Länge unbestritten der längste Straßentunnel Österreichs.

Klein, aber oho präsentiert sich das Ländle, der flächenmäßige Winzling unter den Österreichischen Bundesländern. Nur Wien ist kleiner - dafür aber ungleich dichter mit Menschen vollgestopft. Wer allerdings den Arlberg überwindet, wird reich belohnt - und zwar mit hervorragenden Kässpätzle, Schokolade, ulkigen Ortsnamen wie Schruns oder Tschagguns, dem für Laien unverständlichen Dialekt der Bewohner und einer herrlichen Landschaft. Natürlich hält das Land zwischen Bodensee und Arlberg auch reichlich Unnützes bereit, das nur darauf wartet, entdeckt zu werden ...

DAVOR ODER DAHINTER?
Für die Bewohner der übrigen acht Bundesländer liegt Vorarlberg eigentlich hinter dem Arlberg. Warum es dennoch Vorarlberg heißt? Weil sowohl von der Stammburg der Habsburger am Schweizer Wülpelsberg aus als auch aus der Perspektive des Heiligen Römischen Reiches Vorarlberg näher liegt als der Arlberg!

NA BUMM
Bis zum Jahr 2001 war es in Vorarlberg zulässig, im Steilhang verendete Kühe zwecks kostengünstiger Entsorgung in die Luft zu sprengen. Heute sieht man von dieser doch recht derben Methode ab - Bauern bekommen im Gegenzug die Bergung der toten Kuh vom Land bezahlt.

GRAUSLICHE AKTION
Der Vorarlberger Aktionskünstler Wolfgang Flatz ließ 2001 in Berlin die Wogen hochgehen, als er bei der öffentlichen Performance „Fleisch" blutverschmiert von einem Kran baumelte und dann eine geschlachtete Kuh aus 40 Metern Höhe von einem Hubschrauber werfen und am Boden zerschellen ließ. Flatz gab an, mit dieser doch eher grauslichen Aktion auf das gestörte Verhältnis der Gesellschaft zu Fleisch hinweisen zu wollen.

OHO VORARLBERG!
Vorarlberg hat mit „'s Ländle, meine Heimat" zwar eine offizielle Landeshymne - öfter zu hören ist jedoch das von Reinhold Bilgeri geschriebene Lied „Oho Vorarlberg".
Der Refrain dazu:
„Oho Vorarlberg, -berg, -berg,
bist zwar als Land ein Zwerg, Zwerg, Zwerg,
klein aber oho, holladrio"

GUT GESCHMUGGELT IST HALB GEWONNEN
Der Schmuggel von Waren zwischen Vorarlberg und der Schweiz war lange eine einträgliche Beschäftigung für einheimische wie Schweizer Bergbauern. Besonders oft für die illegale Aktivität genutzt wurde das Schlappiner Joch zwischen Gargellen und Klosters. Eine kleine Hitliste der Schmuggelgüter: Kaffee, Schokolade, Tabak, Damenstrümpfe, Saccharin, sowie hin und wieder Ziegen oder Schafe. Heute ist der „Schmugglerpfad" ein beliebtes Ausflugs- und Wanderziel.

Bodensee

MONTAFONER TEUFELSBRÜCKE

Um innerhalb von drei Tagen eine Brücke fertigzustellen, schloss ein armer Zimmermann einst einen Deal mit dem Teufel: Satan sollte die Brücke bauen und dafür die erste Seele aus des Zimmermanns Haus bekommen, die das neue Bauwerk überquerte. Der schlaue Zimmermann trieb eine Ziege über die fertige Brücke. Wutentbrannt über den Betrug wollte der Gehörnte sich die Ziege schnappen, bekam aber nur den Schwanz zu fassen, der dabei abriss. Seitdem haben Ziegen kurze Schwänze. So zumindest berichtet eine Sage aus dem Montafon …

KANTON VORARLBERG?

Nach dem Zerfall der Monarchie 1918 wurde Vorarlberg erstmals ein eigenes Bundesland. Aus Angst, das kleine Ländle könnte unter die Räder kommen, erwogen mehrere Interessensgruppen 1919 den Anschluss an die Schweiz.. Eine Volksabstimmung ergab, dass sich rund 80% der Vorarlberger gut vorstellen konnten, Schweizer zu werden. Dennoch wurde nichts daraus.

DIE ZARTESTE VERSUCHUNG, SEIT ES SCHOKOLADE GIBT

In Bludenz erwartet junge wie alte Schokoladenliebhaber das Paradies: Hier steht nämlich eine Milka-Fabrik samt dazugehörigem Milka Lädele. Wer möchte, kann sich hier hamsterartig mit Schokolade eindecken, eine Führung durch die Produktion machen, oder aber das jährliche Schokofest besuchen, bei dem sich Bludenz ganz und gar in eine fröhliche Naschzone verwandelt!

LÄNDLE X 3
Das Wort „Ländle" kommt aus dem Alemannischen und bezeichnet nicht nur Vorarlberg, sondern auch das Fürstentum Liechtenstein und das deutsche Bundesland Baden-Württemberg. In den drei Regionen werden auch ähnliche Dialekte gesprochen: Höchst- und Hochalemannisch in Vorarlberg und Liechtenstein, Schwäbisch in Baden-Württemberg.

SPASSIGE HEXENVERBRENNUNG
In Vorarlberg frönt man einem merkwürdigen Brauch: Jedes Jahr wird am Sonntag nach dem Aschermittwoch ein riesiger, bis zu 30 Meter hoher Holzturm entzündet. An der Spitze eines solchen „Funken" befindet sich eine mit explosivem Material gefüllte „Hexe". Es gilt als glückliches Omen, wenn die Hexe in die Luft geht, bevor der Funken umfällt - und als großes Unglück, wenn es umgekehrt passiert!

KEES GEGEN KATER
Der Montafoner Sauerkäse, genannt „Sura Kees", ist eine über 800 Jahre alte regionale Spezialität: Der rindenlose, fettarme, aber intensiv riechende Käse wird bevorzugt als Bestandteil von Kässpätzle oder mit Essig, Zwiebel, Öl und Schwarzbrot gegessen. Auch gegen den Kater-Kopfschmerz soll „Sura Kees" vorzüglich helfen!

HABSBURGISCHES BERGKÄSE-VERBOT
In alten Zeiten mussten die Montafoner Bauern ihre habsburgischen Regenten regelmäßig mit Butter beliefern. Dies ging auch gut, solange nur Sauerkäse produziert wurde. Im 17. Jahrhundert jedoch schaute man sich von den Schweizern die Hartkäseherstellung ab, bei der so gut wie keine Butter abfiel, da das ganze Fett im Käse blieb. Die Habsburger waren wenig erfreut. Sogar im 19. Jahrhundert noch erließ man ein Bergkäse-Verbot. Umsonst! Der Siegeszug des Bergkäses war nicht mehr aufzuhalten.

VORARLBERGER KÄSSPÄTZLE
In die berühmten Vorarlberger Kässpätzle werden traditionell Bergkäse und der würzigere Räßkäse hineingeschmolzen; im Montafon mitunter auch Sura Kees.

PROJEKT BUS:STOP
Der Ort Krumbach im Bregenzerwald hat 7 extravagante Haltestellen, die in Zusammenarbeit mit internationalen Architekten gestaltet wurden. So besteht eine etwa aus aufeinander geschichteten unbehandelten Holzbrettern, während eine andere ein metallenes Dreieck darstellt und eine weitere mit wild durcheinander wachsenden Stahlstangen und einer luftigen Mini-Treppe beeindruckt.

STADT Wien BEKANNT